Werner Wiater

Der Praktikumsbegleiter

Intensivkurs Schulpraktikum

Auer Verlag GmbH

Gesagt ist nicht gehört,
gehört ist nicht verstanden,
verstanden ist nicht einverstanden,
einverstanden ist nicht durchgeführt,
durchgeführt ist nicht beibehalten.

Konrad Lorenz

Gedruckt auf umweltbewusst gefertigtem, chlorfrei gebleichtem
und alterungsbeständigem Papier.

8. Auflage. 2009
Nach den seit 2006 amtlich gültigen Regelungen der Rechtschreibung
© by Auer Verlag GmbH, Donauwörth
Alle Rechte vorbehalten
Das Werk und seine Teile sind urheberrechtlich geschützt. Jede Nutzung in anderen als den gesetzlich
zugelassenen Fällen bedarf der vorherigen schriftlichen Einwilligung des Verlages. Hinweis zu § 52a UrhG:
Weder das Werk noch seine Teile dürfen ohne eine solche Einwilligung eingescannt und in ein Netzwerk
eingestellt werden. Dies gilt auch für Intranets von Schulen und sonstigen Bildungseinrichtungen.
Satz: Fotosatz H. Buck, Kumhausen
Druck und Bindung: R. N. Aubele GmbH, Bobingen
ISBN 978-3-403-02519-1

www.auer-verlag.de

INHALT

VORWORT

Es ist die Aufgabe der Schule, systematisch das Denken, Fühlen, Wollen und Können bei Kindern und Jugendlichen entfalten zu helfen und sie so auf ein selbstbestimmtes, selbstverantwortliches und sozial-mitverantwortliches Leben in der Gesellschaft vorzubereiten. Zu diesem Zwecke werden geeignete Unterrichtsinhalte und Unterrichtsziele ausgewählt, Lernsituationen, Lernanlässe und Lernumwelten unter methodischen und medialen Gesichtspunkten arrangiert. Zwar lernen Schüler/-innen nicht nur auf Veranlassung des Lehrers, sondern auch aus eigenem Antrieb, und manchmal hat der Unterricht auch ungeplante Nebeneffekte. Aber für ihren Lern- und Schulerfolg entscheidend sind ein sorgfältig geplanter und didaktisch gewandt durchgeführter Unterricht sowie ein anregendes Lernmilieu mit ermutigend-förderndem Lehrerverhalten, das auch erzieherisch wirksam ist.

Über didaktisch kompetentes Handeln lässt sich gewiss theoretisch reflektieren, seine Bewährung erhält es aber erst in der konkreten Unterrichtspraxis des Schulalltags. Das Schulpraktikum soll Studierenden des Lehramts Erfahrungen dieser Art schlaglichtartig und ausschnittsweise ermöglichen.

Am Beginn des Praktikums steht eine **Hospitations- und Beobachtungsphase,** in der der Praktikant/die Praktikantin das Augenmerk auf das Lern-, Arbeits- und Sozialverhalten der Schüler und Schülerinnen und auf die didaktischen (unterrichtlichen) und pädagogischen (erzieherischen) Aspekte der Unterrichtsprozesse richten soll. Hierzu finden sich in diesem Buch zahlreiche *Aufgabenstellungen, die zu bearbeiten sind.* Bei allen *personenbezogenen Aufzeichnungen* sind im Praktikumsbericht *stets die Datenschutzbestimmungen zu beachten.* Empfehlenswert ist es, einen ganzen Schulvormittag einerseits mit einem Lehrer in verschiedenen Klassen, andererseits auch mit einer Klasse bei wechselnden Fachlehrern zu verbringen. Die Alltagsanforderungen des Lehrerberufs und die Besonderheiten beim schulischen Lehren und Lernen können auf diese Weise erfahren werden.

An die Hospitations- und Beobachtungsphase schließt sich eine **Planungs- und Erprobungsphase** an, bei der die Praktikantinnen/Praktikanten in Absprache mit der sie betreuenden Lehrkraft eigene Unterrichtsversuche machen. Meist stehen am Beginn Einzelaktivitäten wie das Vorlesen und Besprechen eines Textes, die Anfertigung einer Tafelanschrift, die Leitung einer Diskussion, die Einübung eines Spiels, die Vorführung eines Experiments, die Übung von Aufgabenlösungen usw. Gegen Ende des Praktikums sollten die Praktikanten eigene Unterrichtsversuche durchführen und analysieren. Anleitung und Hilfestellung dazu leistet auch hier das vorliegende Buch.

Dieser Praktikumsbegleiter setzt sich zum Ziel, Lehramtsstudierenden zu helfen, die wichtigsten Ziele des Praktikums nicht aus den Augen zu verlieren und eine bessere Ordnung in diesen bedeutsamen Studienabschnitt zu bringen. Er regt zum Tätigwerden beim Beobachten von Schule und Unterricht an und leitet zum Planen und Ausführen kleinerer unterrichtlicher Teilaufgaben bzw. einer ganzen Unterrichtsstunde an. Schließlich unterstützt er auch die Reflexion über die Tätigkeiten, Kompetenzen und Anforderungen des Lehrerberufs. Zugleich ist das Buch als Berichtsheft für das Praktikum gedacht. Deshalb ist jedes Kapitel in drei Abschnitte geteilt:

Der erste Abschnitt **informiert** jeweils über das notwendige didaktische Basiswissen.

Der zweite Abschnitt stellt Übungsaufgaben zur Wahl, mit denen die Praktikanten/-innen das Theoriewissen autodidaktisch oder in einer Lerngruppe **erproben** können.

Der dritte Abschnitt veranlasst dazu, das Theoriewissen im Praktikumsunterricht **anzuwenden,** und gilt gleichzeitig als Praktikumsbericht. Zusätzliche Blätter kann der Praktikant/die Praktikantin leicht einlegen und ggf. den so erweiterten Praktikumsbegleiter lochen und mit einer Heftklammer zusammenhalten.

Dieses Piktogramm verweist auf Aufgaben zur Selbstreflexion des Studenten/der Studentin.

Auf diese Weise werden die Lehramtsstudentinnen/Lehramtsstudenten schrittweise an die Unterrichtspraxis herangeführt.

Noch ein Hinweis: Der Praktikumsbegleiter enthält eine Vielzahl von Übungen und Aufgaben, aus denen – nach Absprache mit den Dozenten und Tutoren – eine Auswahl getroffen werden sollte.

Literatur

Friedrich Verlag (Hrsg.): Lernende Schule (Zeitschrift, vierteljährlich). Seelze 1999 ff.
Meyer, H.: Schulpädagogik. Bd. 1 u. 2. Berlin 1997 ff.
Schröder, H.: Lernen – Lehren – Unterricht. Lernpsychologische und didaktische Grundlagen. München 2002
Peterßen, W.H.: Handbuch Unterrichtsplanung. München 2004 ff.
Wiater, W.: Theorie der Schule. Donauwörth 2006
Wiater, W.: Unterrichten und Lernen in der Schule. Donauwörth 2007

1. Meine Erwartungen an das Praktikum

2. Struktur und Profil der Praktikumsschule kennenlernen

 Basisinformationen

Was die Schule ist, weiß jeder, der Lehramt studiert, seit dem Moment, als er im Alter von fünf oder sechs Jahren erstmals das so bezeichnete Gebäude betrat. Dort wurde er oder sie über Jahre hinweg zusammen mit Gleichaltrigen von Lehrerinnen oder Lehrern unterrichtet und zum Lernen angehalten, mit Lerninhalten befasst und zu bestimmten Verhaltensweisen und Einstellungen angeleitet. Die innere Realität von Schule ist ein angenehmes oder beklemmendes, ermunterndes oder belastendes Gefühl, das durch Erfahrungen mit dieser Institution und den Personen in ihr entstanden, mehrfach korrigiert und schließlich zu einem Urteil geworden ist. Erlebte Schule – das sind die Räumlichkeiten (Schulhaus, Flure, Klassenzimmer, Fachräume, Schulgelände usw.) ebenso wie der Lehrkörper, die Mitschüler und das Schulpersonal, die favorisierten oder die ungeliebten Unterrichtsfächer bzw. Unterrichtsinhalte gleichermaßen wie Aktionen an der Schule und die Aktivitäten des Schullebens oder die als langweilig oder interessant empfundene Unterrichtsgestaltung.

Doch ist die Schule mehr und anderes als die subjektive Erfahrung und das Bild des Einzelnen von ihr. Wechselt man die Betrachungsperspektive, so erscheint ihre äußere Realität: eine organisierte Institution der Gesellschaft mit Gliederungsstrukturen, verbindlichen Ordnungen und Regelungen für einen erfolgreichen und möglichst störungsfreien Lehr-Lern-Vollzug.

Und dann ist Schule noch das, was Lehrerinnen und Lehrer tagtäglich „halten" und was Schülerinnen und Schüler tagtäglich „haben". Sie wird nämlich von den in ihr interagierenden Personen „gemacht", sie ist nicht einfach vorgegeben, sondern entsteht gewissermaßen aus dem gestalteten Miteinanderhandeln von professionellen Erwachsenen und Kindern, Jugendlichen oder jungen Erwachsenen. Die Schule ist – so kann man zusammenfassend sagen – Lernort, Lebensraum und Arbeitsplatz für Lehrer/Lehrerinnen und Schüler/Schülerinnen.

Die Schule

- weist bestimmte Rahmenbedingungen auf, die von der Gesellschaft vorgegeben sind (vgl. Rechtsgrundlagen, Organisationsformen, Funktionen und Aufgaben);

- hat bestimmte eigene Gestaltungsmöglichkeiten (vgl. Schulkultur, Schulentwicklung und Schulleben); und

- ist der Ort ganz persönlicher Beziehungen und Erfahrungen (Erfahrungen des Raumes, der Zeit, der Gemeinschaft und der Individualität) der an ihr Beteiligten und von ihr Betroffenen.

Dadurch hat jede Schule ihr eigenes Profil.

Übungen

Ia) Welche pädagogischen und didaktischen Möglichkeiten eröffnet oder verstellt die folgende Klassenzimmergestaltung? Diskutieren Sie Vor- und Nachteile! Entwerfen Sie Alternativen! Beziehen Sie in Ihre Überlegungen Raumvarianten ein!

Ib) Raumvarianten

| Gruppenarbeit | Gesprächskreis | Konferenzform |

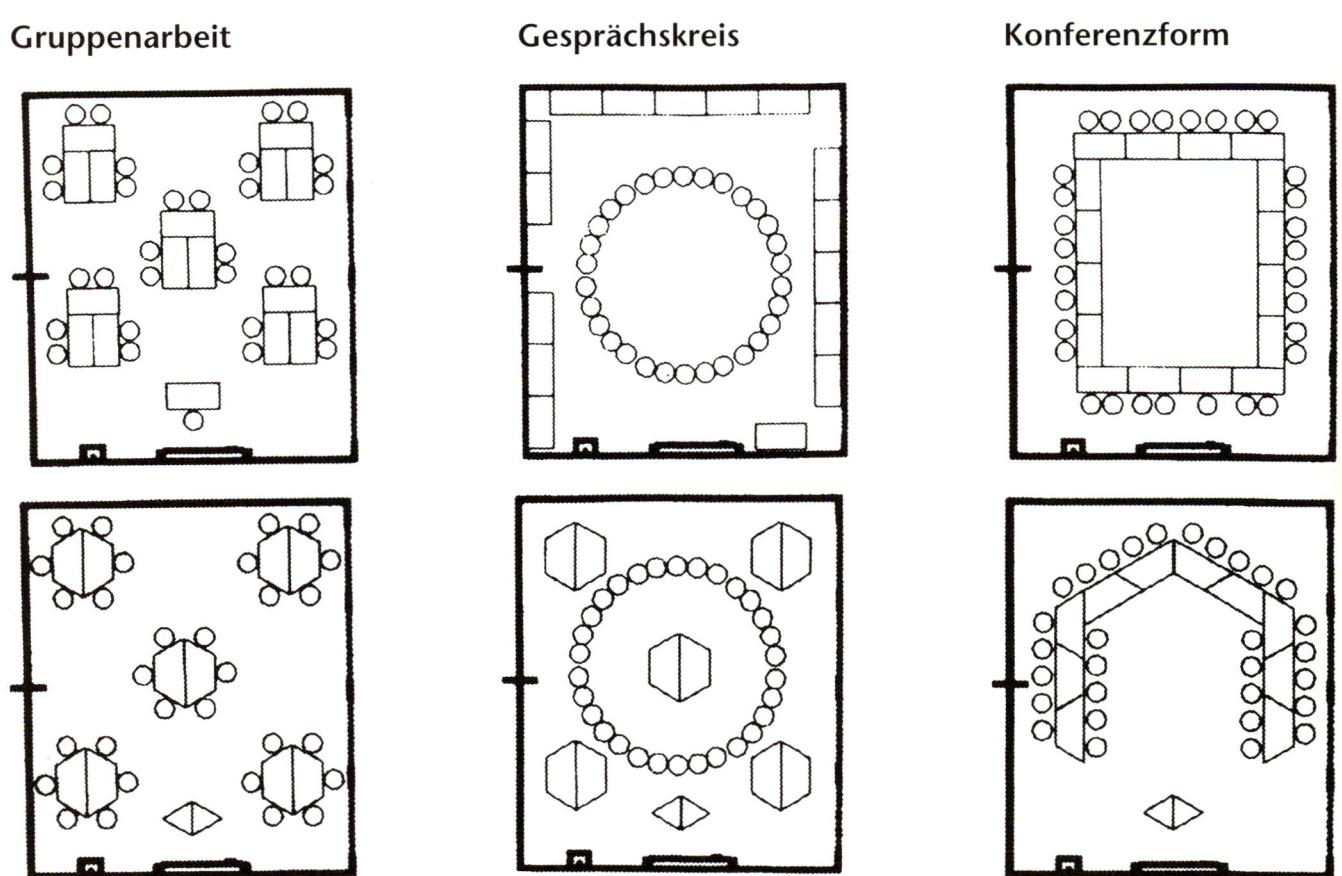

Aus: Buddensiek, Wilfried: Zukunftsfähiges Leben in Häusern des Lernens. Göttingen: Verlag Die Werkstatt 2001, S. 190

II. Fertigen Sie die Skizze eines unter didaktischen und pädagogischen Gesichtspunkten gestalteten Schulgeländes an!

Schulhaus

III. Notieren Sie stichpunktartig, was Sie als Lehrerin/Lehrer tun wollen, damit die Unterrichtsatmosphäre möglichst lernfördernd und angenehm ist!

Ich werde

_____

_____

_____

_____

_____

_____

_____

_____

_____

IV. Besprechen Sie in der Gruppe, welche Aktionen, Aktivitäten und Lehrerverhaltensweisen an Ihrer Schule Ihnen den Schulalltag angenehm sein ließen!

 # Anwendung im Praktikum

I. Halten Sie Ihre Praktikumsschule im Bild fest! Was ist markant an ihr?

Foto/Skizze

II. Ermitteln Sie wichtige Daten und Fakten zu Ihrer Praktikumsschule!

1) Schulhaus und Schulgelände
Besonderheiten der Architektur und des Schulgeländes (Stichworte!)

_____

_____

_____

_____

_____

_____

_____

_____

2) Beantworten Sie die folgenden Fragen zur „pädagogischen Architektur" des Schulbaus!

a) *Schule als Ort, an dem Kinder/Jugendliche lernen*
Gibt es Räume zum

	ja	nein
– *individuellen Lernen der Schüler*		
– *Lernen in kleinen Gruppen*		
– *Lernen in großen Gruppen*		
– *Lernen mit der ganzen Schule*		
– *zurückgezogenen, konzentrierten Lernen*		
– *anregenden Lernen (Medien, Labors, Schulgärten …)*		
– *Ausspannen und Pausemachen?*		

b) *Schule als Ort, von dem Kinder/Jugendliche lernen*
Ist die Schule hinsichtlich ihrer Gestaltung ein Vorbild in

	ja	nein
– *ästhetischer Hinsicht*		
– *ökologischer Hinsicht*		
– *architektonischer Hinsicht?*		

3) Lehrer und Schüler (Daten bei der Schulleitung erfragen!)

Zahl der Lehrer: _____ *Zahl der Lehrerinnen:* _____

Zahl der Schüler: _____ *Zahl der Schülerinnen:* _____

Zahl der Sozialpädagogen/-innen: _____

Zahl der Förderlehrer/-innen/Mobilen Sonderpädagogischen Dienste: _____

Einzugsgebiet: Ca. _____ *km*

Besonderheiten der Schule: (z.B.: Anteil an SchülerInnen mit nichtdeutscher Muttersprache, FahrschülerInnen)

_____

_____

4) Leitbild der Schule und Besonderheiten des Schulprogramms

Leitbild:

_____

_____

_____

_____

Besonderheiten des Schulprogramms:

_____

_____

_____

_____

_____

Schulprofil:

_____

_____

_____

_____

5) Beschaffen Sie sich die Schulordnung und besprechen Sie diese mit Ihrem Tutor/ Ihrer Tutorin!

6) Veranstaltungen des Schullebens, *z.B. Traditionsfeste, Fahrten, Austauschprogramme, Arbeitsgemeinschaften, Theatergruppen, Partys und dgl., Schulkonzerte, Kontakte zur Kommune, zu Verbänden, zur Wirtschaft/Industrie … (Informationen bei der Schulleitung erfragen!):*

_____

_____

_____

_____

_____

_____

_____

7) Schulorganisatorische Maßnahmen, *z.B. Mittagessen für Schüler, Nachmittagsbetreuung/ Hausaufgabenhilfe, Förderkurse, Elternarbeit … (Stichworte):*

_____

_____

_____

_____

_____

III. Erfragen Sie – sofern der Praktikumslehrer/Fachlehrer einverstanden ist und der Datenschutz gewahrt bleibt – bei Schülern, wie ihr Tagesablauf mit schulischen und außerschulischen Verpflichtungen ausgefüllt ist!

Mo	Di	Mi	Do	Fr	Sa

IV. Notieren Sie (bei einer ausgewählten Klasse), welche Klassendienste und Verantwortlichkeiten von Schülerinnen/Schülern wahrgenommen werden!

_____

_____

_____

_____

_____

_____

_____

_____

3. Schüler und Schülerinnen in ihrem Lern-, Arbeits- und Sozialverhalten beobachten

Basisinformationen

Jeder nimmt Personen, Dinge und Sachverhalte wahr, man sieht sie beiläufig, sie rücken zufällig ins Blickfeld, sie fallen einem auf oder man beobachtet sie bewusst. Beobachtungen haben etwas Beliebiges, sind fehleranfällig und eignen sich nur begrenzt zur Beurteilung und Auswertung, solange sie nicht systematisch und strukturiert vorgenommen werden. Aus diesem Grund erfolgt die Schüler- und Unterrichtsbeobachtung im Praktikum in der Regel als „Feldbeobachtung" während des alltäglichen Fachunterrichts und sollte von Anfang an **systematisch** geschehen, also standardisiert mit präzise vordefinierten Beobachtungskategorien und vorab geklärtem Auswertungsraster; nichtstandardisierte Beobachtungen stehen allenfalls ganz am Anfang des Praktikums, damit ein spontaner, diffuser, emotionaler Gesamteindruck aufgearbeitet werden kann. Im ersten Praktikumsabschnitt ist die Beobachtung in der Regel **nicht-teilnehmender** Art, da die Praktikanten noch hospitieren, danach wechselt sie über zu **teilnehmender** Beobachtung und unterliegt so bestimmten Einschränkungen wie Stress beim Unterrichten, selektive (auswählende) und subjektive (persönliche) Wahrnehmung, sympathiegeleitete Zuwendung zu Schülern/Schülerinnen, Erinnerungsvermögen. Wissen die Schüler/innen, dass sie beobachtet werden, so handelt es sich um eine „**offene Beobachtung**", andernfalls um eine „**verdeckte Beobachtung**". Bei der Beobachtung von Personen ist besonders darauf zu achten, dass das Beobachtungsergebnis möglichst wenig durch **Fehlerquellen** wie Haloeffekt, logische Verknüpfung, Emotionen und Vorurteile sowie die Vermischung von Beobachtung und Bewertung verfälscht wird.

Das Verhalten der Schülerinnen und Schüler hat viele Facetten. Hier soll es in drei Hauptkategorien erfasst werden, nämlich hinsichtlich des **Lernverhaltens**, des **Arbeitsverhaltens** und des **Sozialverhaltens**. Verhalten wird dabei in einem weiten Sinne verstanden und umfasst innere und äußere Prozesse beim Schüler/bei der Schülerin.

Lernverhalten

– Motivation für das Lernen in der Schule
– Interesse am Unterrichtsfach, an speziellen Inhalten des Unterrichtsfachs, an außerunterrichtlichen Aktivitäten, an außerschulischen Aktivitäten
– Lerntempo
– bewältigte Lernmenge
– Qualität und Quantität der Lernergebnisse
– Anstrengungsbereitschaft
– Ausdauer
– Belastbarkeit
– Konzentration
– Auffassungsgabe

– Grad der Selbstständigkeit beim Lernen
– Kreativität, Einfallsreichtum, Gestaltungsvermögen
– Aufmerksamkeit auf das Unterrichtsgeschehen in der Klasse
– Gedächtnisleistungen
– Verfügen über Mnemotechniken, Merkhilfen, „Eselsbrücken"
– Fähigkeit, dem eigenen Lerntyp entsprechende Lernwege und Lernstrategien zu wählen
– Zielstrebigkeit
– Zeitmanagement
– Lernfortschritte
– Schwerpunkte der gezeigten Lernleistungen, z.B. **Reproduktion** (Wiedergabe), **Reorganisation** (selbstständige Anordnung und Gliederung von Gelerntem auf eine entsprechende Zielfrage hin), **Transfer** (Anwendung und Übertragung von Erkenntnissen aus einem Lernvorgang auf Sachverhalte, die von denselben Erkenntnissen her erschlossen werden können), **Problemlösen** (in problemhaltigen Sachverhalten das Problem erkennen, formulieren und mit Hilfe selbstständig festgelegter und angeordneter Arbeitsschritte lösen)

Arbeitsverhalten

– Verfügen über fachbezogene Arbeitstechniken in den einzelnen Unterrichtsfächern, z.B. Lesetechniken, Techniken der Texterfassung und Textkonstruktion, Umgehen mit Literatur, Analysieren und Auswerten von Quellen, Argumentieren und Gespräche moderieren, Beobachten, Experimentieren, Umgehen mit Grafiken, Tabellen und Statistiken, vernetztes, anwendungsbezogenes und fächerübergreifendes Vorgehen, Beweise durchführen, Gestalten und Interpretieren in Kunst, Musik, Literatur, Bewegung, Analysieren, Synthesen herstellen ...
– systematisches und zielgerichtetes Vorgehen
– Organisieren von Arbeitsabläufen
– Planen und Durchführen von Problemlösungen
– selbstständige Informationsbeschaffung, Informationsanalyse, Informationsauswertung, Informationsbeurteilung und Informationsverwendung
– theoretische Überlegungen in Praxis überführen bzw. auf Praxisrelevanz überprüfen
– Gedanken, Ideen und Gefühle gestalterisch umsetzen/ergänzen

Sozialverhalten

– Respekt anderen gegenüber
– Hilfsbereitschaft
– Toleranz
– Rücksichtnahme
– Fairness
– Gemeinsinn
– Integrationsfähigkeit
– Umsicht beim Handeln
– Verantwortungsbewusstsein
– Verantwortungsübernahme

- Zuverlässigkeit
- Teamfähigkeit
- Bereitschaft zur Kooperation
- Offenheit gegenüber anderen (Kontaktverhalten)
- aktives Zuhören
- Vertreten eines sachlich begründeten Standpunkts
- Einhalten von Regeln und Ordnungen
- gewaltfreies und konstruktives Konfliktlösen
- Zivilcourage
- Kompromissbereitschaft

Übungen

I. Testen Sie Ihre Beobachtungsgabe!

1) Schauen Sie eine Ihnen unbekannte Kommilitonin/einen Ihnen unbekannten Kommilitonen etwa **eine Minute lang** an und formulieren Sie dann die folgenden Sätze aus:

   „Mir fällt an dir auf, dass du …"

   „Daraus schließe ich, dass du …"

2) Einer von den hier abgebildeten Männern wird bei Wahrnehmungstests meist als „deutscher Beamter" bezeichnet! Welcher könnte das sein? Diskutieren Sie die Gründe für das Zustandekommen von spontanen Wahrnehmungsurteilen!

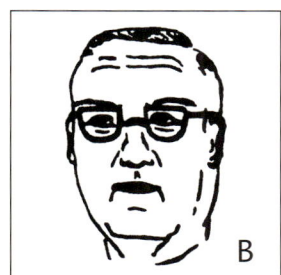
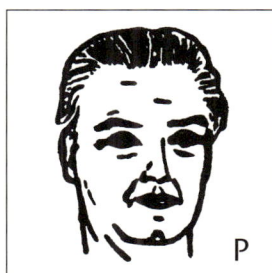
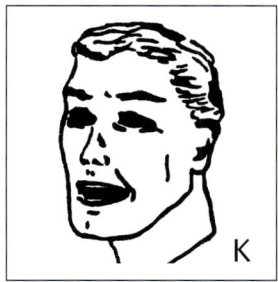
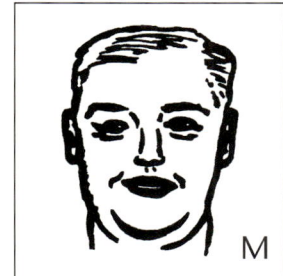

Aus: Hofstätter, Peter R.: Eliten und Minoritäten. In: Kölner Zeitschrift für Soziologie und Sozialpsychologie, 14. Jg. (1962), S. 59 ff.

II. Befassen Sie sich mit wichtigen Aspekten des Lern-, Arbeits-, und Sozialverhaltens!

1) Welcher Lerntyp sind Sie?
   Führen Sie den folgenden Test durch!
   Sie benötigen dazu: einen Moderator, Papier und Bleistift.
   Werten Sie den Test aus und besprechen Sie ihn mit den anderen!
   (Vgl. Kowalczyk, W./Ottich, K.: Schülern auf die Sprünge helfen. Hamburg 1995, S. 219–224)

1. Test: „Hören"

Der Moderator liest zweimal hintereinander 10 beliebig ausgewählte Wörter vor. Sie hören nur zu! z.B.: Parlament – Cäsar – Hallig – Quader – Wallenstein – Bundesrat – Meridian – Europawahl – Zylinder – Garten.

Jetzt diktiert der Moderator Rechenaufgaben wie die folgenden: 13 + 14, 7 x 8, 54 – 23, 18 + 19.

Sie notieren zunächst die Ergebnisse der Aufgaben. Dann schreiben Sie alle Wörter, an die Sie sich noch erinnern, auf einen Zettel. Die Zahl der erinnerten Begriffe muss anschließend (hier und bei allen anderen Tests) notiert werden.

2. Test: „Lesen"

Der Moderator zeigt Ihnen 20 Sekunden lang die folgenden Wörter, aufgeschrieben auf einen großen Karton: Kalender – Kennedy – Amsel – Mars – Sichel – Hocke – Martin – Hecht – Revolution – Orkan.

Dann lässt er Sie die folgenden Rechenaufgaben schriftlich lösen: 16 + 15, 5 x 5, 49 – 35, 81 : 9, 22 + 17.

Danach schreiben Sie die Wörter auf, die Sie behalten haben!

3. Test: „Schreiben"

Der Moderator lässt Sie folgende auf einen Karton geschriebenen 10 Wörter (Amateur – Froschlaich – Tornado – Bismarck – Tiefseegraben – Kalkutta – Trapez – Hunnen – Mensa – Bunsenbrenner) auf ein separates Blatt abschreiben. Anschließend sammelt er ihr Blatt ein.

Dann gibt es Rechenaufgaben zu lösen: 28 + 48, 3 x 9, 64 – 35, 27 : 9, 43 + 28.

Danach schreiben Sie die Wörter auf, die Sie behalten haben!

4. Test: „Lesen und Sprechen"

Der Moderator zeigt Ihnen 10 Wörter, die er auf einen Karton geschrieben hat, und lässt Sie diese zweimal laut lesen, z.B.: Violine – Lupe – Schüttelfrost – Kurbelwelle – Schiller – Wal – Umfeld – Waldsterben – Verstärker – Schneider.

Dann lässt er Sie die folgenden Rechenaufgaben schriftlich lösen: 24 + 27, 6 x 7, 37 – 28, 81 : 9, 46 + 26.

Danach schreiben Sie die Wörter auf, die Sie behalten haben.

5. Test: „Hören und Schreiben"

Der Moderator diktiert Ihnen die folgenden Wörter, lässt Sie diese auf ein separates Blatt schreiben und sammelt das Blatt ein: Kaktus – Vollmond – Asien – Staatssekretär – Mandala – Seidenraupe – Plastik – Mohn – Projektor – Stress.

Dann lässt er Sie die folgenden Rechenaufgaben schriftlich lösen: 12 + 39, 8 x 8, 53 –15, 42 : 6, 34 + 17.

Danach schreiben Sie die Wörter auf, die Sie behalten haben.

6. Test: „Hören und Sprechen"

Der Moderator liest die Wörter Zahnwurzel – Brille – Drehorgel – Ginster – Eisbär – Äquator – Experiment – Speicher – Attila – Wurm laut vor und lässt sie von Ihnen laut nachsprechen.

Dann lässt er Sie folgende Rechenaufgaben schriftlich lösen: 18 + 19, 9 x 6, 32 x 19, 56 : 8, 19 – 4.

Danach schreiben Sie die Wörter auf, die Sie behalten haben.

7. Test: „Schreiben und Hören und Sprechen"

Der Moderator liest die folgenden Wörter laut vor, lässt Sie diese einzeln laut wiederholen und anschließend auf ein separates Blatt aufschreiben, das er wieder einsammelt: Gletscher – Bergmann – Zypresse – Engländer – Kreuzotter – Heide – Spannung – Mozart – Kontrabass – Schaltkreis.

Dann lässt er Sie die folgenden Rechenaufgaben schriftlich lösen: 63 + 18, 7 x 4, 75 – 38, 48 : 8, 68 + 18.

Danach schreiben Sie die Wörter auf, die Sie behalten haben.

8. Test: „Lesen und Schreiben und Sprechen"

Der Moderator zeigt die folgenden auf einen Karton geschriebenen Wörter nacheinander, lässt Sie die Wörter einzeln Wort für Wort laut vorlesen und dann auf ein separates Blatt aufschreiben, das er wieder einsammelt: Himalaya – Kapelle – Alphabet – Orchidee – Heuschrecke – Bauernkrieg – Papstwahl – Urne – Jupiter – Eisenbahn.

Dann lässt er Sie die folgenden Rechenaufgaben schriftlich lösen: 28 – 14, 7 x 6, 41 x 13, 36 : 9, 19 + 33.

Danach schreiben Sie die Wörter auf, die Sie behalten haben.

Auswertung

Die Zahl der erinnerten Wörter je Teiltest gibt Hinweise auf die individuellen Lernschwerpunkte.

2) Was kostet Sie Zeit? Was raubt Ihnen Zeit? Machen Sie sich mit Hilfe der folgenden Fragen Ihr eigenes Zeitmanagement bewusst?

Was mir Zeit raubt, ist …

1. _____

2. _____

3. _____

4. _____

5. _____

6. _____

7. _____

8. _____

9. _____

10. _____

Daran bin ich selbst schuld:	Daran sind andere schuld:

Welche Vorteile hat mein Zeitmanagement, welche Nachteile? Was nehme ich mir vor?

Vorteile	Nachteile	Vorsätze

3) Bei dem Schüler im folgenden Beispiel besteht Beratungsbedarf hinsichtlich seiner Lernkompetenz. Entwerfen Sie ggf. in Gruppen einige Tipps, die Sie ihm in einem Beratungsgespräch geben würden!

Martin, 5. Klasse Realschule, ist ratlos. Er kann sich einfach nichts merken, sagt er. Vor allem Fakten und Daten aus Geschichte, Biologie oder Erdkunde. Dabei tut er alles, was man ihm sagt: Er liest die Schulbuchtexte durch, überfliegt seine Hefteinträge, schaut sich die Vokabeln an, schreibt auch etwas in sein Hausheft (wenn es sein muss). Allerdings unterbricht er das gerne für SMS-Schreiben oder kurze Telefonate, weil er das Pauken einfach nicht mag und es ihm ewig lang vorkommt und der ganze Nachmittag dabei draufgeht. Damit seine Laune nicht völlig auf den Nullpunkt sinkt, hört er dabei tolle Musik mit seinem Walkman. Notizen macht er eigentlich keine; das braucht er nicht, und seine Freunde in der Klasse tun das auch nicht. Martin lernt immer allein am Küchentisch; ihm kann ja doch keiner helfen, hier ist wenigstens etwas los, weil auch seine Schwester da ihre Hausaufgaben macht. Die anderen aus seiner Klasse sind meist längst schon im Jugendzentrum, wenn er endlich fertig ist. Lernen ist eben Stress! Da Martin davon überzeugt ist, dass er ein schlechtes Gedächtnis hat, lernt er für Schulaufgaben nur gründlich am Abend vorher, damit er den Stoff besser „drauf hat". Bei der Schulaufgabe dann fällt ihm alles nicht mehr richtig ein, obwohl er es am Abend vorher konnte. Vielleicht ist er auch einfach nicht begabt.

4) Wählen Sie ein Ihnen unbekanntes kleines Kapitel aus einem beliebigen Fachbuch aus und erarbeiten Sie sich dessen Inhalt mit der folgenden Lesetechnik:

1. Text überfliegen/diagonal lesen
2. Fragen zum Text schriftlich formulieren (Was? Wer? Wo? Wie? Wann? Warum?)
3. Text gründlich lesen
4. Wichtiges aus dem Text zusammenfassen/Notizen machen
5. Textaussagen mündlich wiederholen

5) Gruppenarbeit gilt als eine bewährte Methode, um Sozialverhalten zu fördern. Problematisieren Sie diese Aussage, indem Sie mit Hilfe der folgenden Karikatur ein Gruppengespräch im Lehrerkollegium zur Frage „Sollen wir an unserer Schule eine Nachmittagsbetreuung einführen?" simulieren!

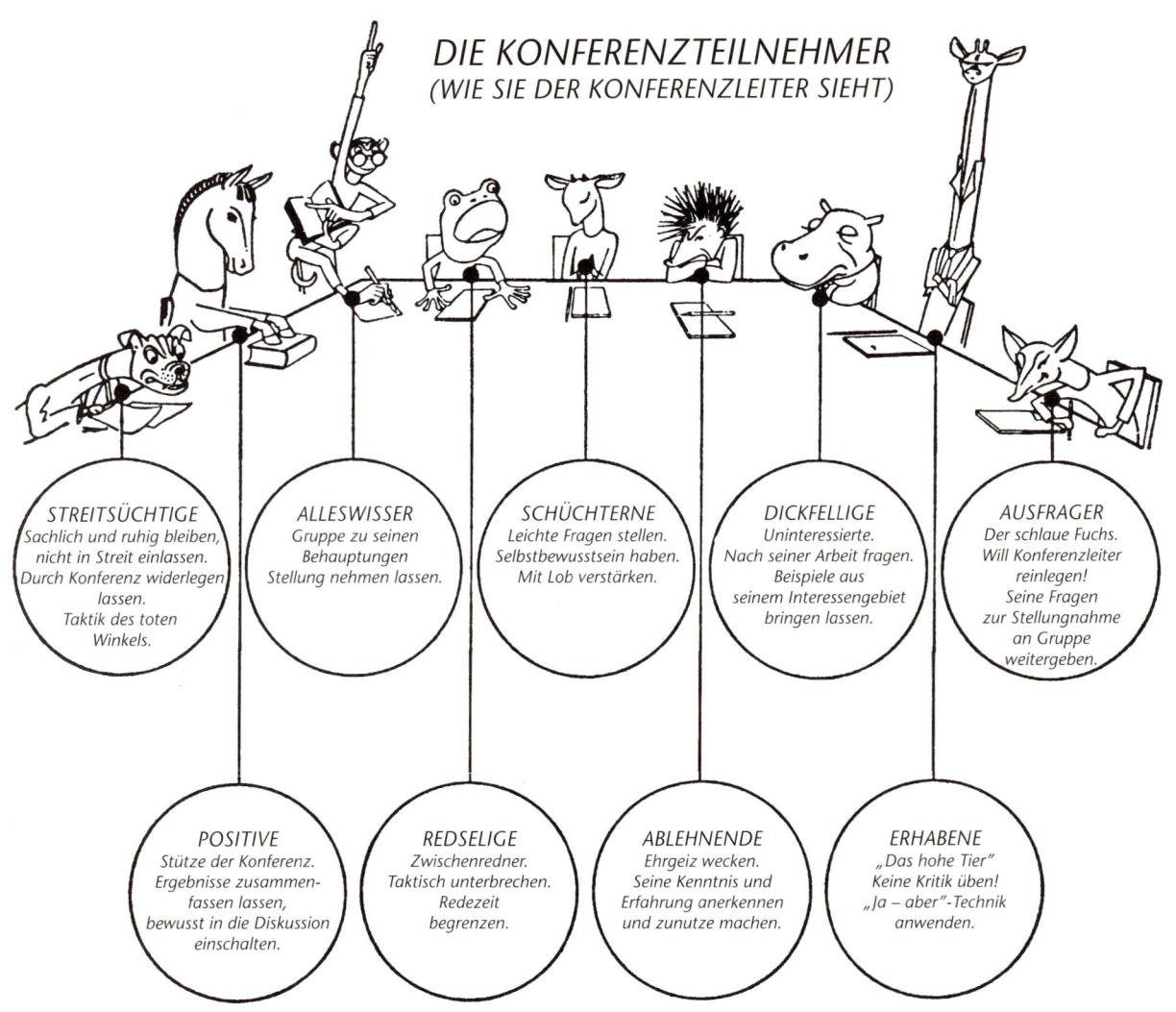

Die Konferenzteilnehmer
Aus: Conrad, Heinz: Aktive Lehrmethoden. Heidelberg: Industrie-Verlag Carlheinz Gehlsen GmbH 1971, S. 19

6) Testen Sie Ihr Kommunikationsverhalten! Wie gut können Sie zuhören? Führen Sie dazu folgende Übung durch:

Teilen Sie sich in Dreiergruppen auf! Teilnehmer/-in A überlegt sich ein Thema für ein Gespräch mit Teilnehmer/-in B. Teilnehmer/-in C ist Beobachter und Schiedsrichter. Das Gespräch dauert 10 Minuten und hat folgende Regeln: A sagt einen Satz zu B, B muss den Satz wörtlich wiederholen und darf erst danach antworten. A wiederholt wörtlich den Satz von B und darf erst danach weitersprechen. Nach 10 Minuten werden die Rollen gewechselt, bis jedes Gruppenmitglied A, B und C war.

Nach der Übung wird über die Schwierigkeiten bei einem solchen Dialog, aber auch über die Schwierigkeiten der Rolle von B gesprochen.

Anwendung im Praktikum

I. Das Lernverhalten der Schülerinnen/Schüler

1) Bitten Sie – nach Absprache mit dem Tutor/der Lehrkraft – die Schülerinnen/Schüler, in Form eines Brainstormings ihre persönlichen Lerntipps aufzuschreiben (z.B. wie sie sich Vokabeln einprägen, wie sie Gedichte lernen, wie sie sich Merksätze/Formeln/Faktenwissen aus unterschiedlichen Fächern merken, wie sie den Inhalt von Texten erfassen, wie sie sich auf eine Schulaufgabe vorbereiten, wie sie nachmittags die Hausaufgaben anfertigen usw.). Werten Sie die Lerntipps aus und besprechen Sie sie mit den Schülern/Schülerinnen!

2) Üben Sie mit den Schülern/Schülerinnen das Lernen mit Karteikarten ein (z.B. Vorderseite: Formel, Rückseite: Erklärung der Formel) und den Aufbau einer Lernkartei mit Hilfe eines Karteikastens mit 5 Fächern, in die bei Wiederholungen die erlernten Karten weitergehen (die vergessenen kommen ins 1. Fach!) nach folgendem Muster (vgl. Leitner, S.: So lernt man lernen. Herder 1994, S. 64 ff.)!

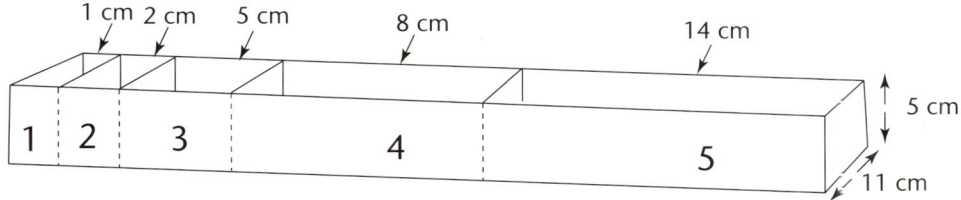

Alternative: Karteikarten-Lernen mit dem PC

3) Trainieren Sie – nach Absprache mit dem Tutor/der Lehrkraft – mit den Schülern/Schülerinnen das „Markieren und Exzerpieren" bei Texten unterschiedlicher Schulfächer nach folgendem Muster:

1. Schritt:
Die Schüler erhalten einen relativ klar strukturierten Sachtext von ca. einer DIN-A4-Seite mit dem Arbeitsauftrag: Markiere den Text so, dass du in 14 Tagen möglichst auf einen Blick erfasst, um was es geht!
(In der Regel markieren die Schüler den Text „in gewohnter Weise", d.h. viel zu viele Wörter/Sätze, ungeordnet, beliebig, alles mit Bleistift, Kuli, Textmarker o.Ä., unsystematisch, ohne Verwendung von Farben oder Symbolen.)

2. Schritt:
Die Schüler setzen sich in Gruppen zusammen, legen ihre markierten Texte aus, vergleichen und diskutieren die Markierungen, finden positive Beispiele heraus und formulieren dann auf Karteikarten drei Tipps, worauf Schüler beim Markieren von Texten besonders achten sollten.

3. Schritt:

Die einzelnen Schülergruppen stellen ihre Tipps vor und fassen sie zusammen.

4. Schritt:

Der Lehrer demonstriert den Schülern an Textbeispielen aus anderen Klassen, was daran nicht richtig gemacht wurde und instruiert sie über die so genannte 3-Stufen-Methode:

– Text überfliegen,

– mit Bleistift vormarkieren,

– sparsam und augenfällig mit einem gelben Textmarker und einem roten Stift das Allerwichtigste grafisch hervorheben.

5. Schritt:

Die Schüler markieren einen zweiseitigen Text unter Berücksichtigung der 3-Stufen-Methode, setzen sich anschließend in (neu formierte) Gruppen zusammen und besprechen die Markierungsbeispiele.

6. Schritt:

Jeder Schüler fasst unter Zuhilfenahme der Markierungen den zweiseitigen Text zu einem Exzerpt von etwa einer Viertelseite zusammen.

4) Führen Sie mit den Schülerinnen/Schülern vor einer komplizierten Aufgabenstellung (z.B. einem Diktat oder einer Stegreifaufgabe) eine Konzentrationsübung durch (beispielsweise eine kurze Meditation, eine gymnastische Übung, ein kurzes autogenes Training o.ä.)!

Jahrgangsstufe: _____   **Fach:** _____

Konzentrationsübung:

_____

_____

_____

_____

Beobachtungen zum Verhalten der Schülerinnen/Schüler:

_____

_____

_____

_____

_____

_____

5) Setzen Sie sich während der Freien Arbeit oder einer Stillarbeitsphase neben einen Schüler/eine Schülerin und beobachten Sie sein/ihr allgemeines Lernverhalten nach den folgenden Kategorien (ankreuzen!):

Erfassen der Aufgabe:

sehr rasch	rasch	vorschnell	bedächtig	langsam	unsicher
( )	( )	( )	( )	( )	( )

Arbeitsweise:

selbstständig	ausdauernd	gründlich	mit Hilfe	sprunghaft	unselbstständig
( )	( )	( )	( )	( )	( )

Arbeitstempo:

sehr schnell	zügig	gleichmäßig-kontinuierlich	schleppend	sehr langsam
( )	( )	( )	( )	( )

Vergleichen Sie anschließend Ihre Einschätzung mit der des Praktikumslehrers/Fachlehrers und überprüfen Sie sie an anderen (schriftlichen, mündlichen, praktischen) Arbeitsleistungen desselben Schülers/derselben Schülerin!

6) **Schreiben Sie Unterrichtssituationen auf, bei denen Sie den Eindruck hatten, dass den Schülern das Lernen richtig Spaß gemacht hat!**

_____

_____

_____

_____

_____

_____

_____

_____

_____

_____

_____

_____

II. Das Arbeitsverhalten der Schülerinnen/Schüler

1) Beobachten Sie in einer Stillarbeitsphase, in welchem Maße ausgewählte Schüler/
Schülerinnen über die erforderlichen fachbezogenen Arbeitstechniken verfügen.
Machen Sie genaue Angaben!

Schüler	Fach/Aufgabe	Arbeitstechnik	vorhanden/nicht vorhanden
1)			
2)			
3)			

2) Schreiben Sie stichwortartig alle Aktivitäten auf, die ein Schüler/eine Schülerin
während einer Stunde offenen Unterrichts ausführt!

Schüler/in	Aktivitäten

3) Beobachten Sie Schüler/Schülerinnen bei folgenden Arbeitstechniken:

- Mitschreiben (bei Lehrervortrag, Schülerreferat, im fragend-entwickelnden Unterricht, bei Tafelanschriften, bei Videovorführungen)
- Informationssuche (aus Büchern, im Internet, aus Zeitungen und Zeitschriften, in der Bibliothek, im Schularchiv, im Museum, bei Ausstellungen, bei Befragungen)
- Anfertigung von Referaten (Informationssuche, Gliederung, Einstieg, Veranschaulichung, Thesenpapier, schriftliche Form)
- Arbeit mit Texten (Textzusammenfassung, Erfassen und Beschreiben der Eigenheiten eines Textes, Auseinandersetzung mit den Aussagen eines Textes, Niederschrift der Textanalyse)
- Beschreibung von Abbildungen, Kunstbildern, Musikstücken
- Interpretation historischer Quellen (Fragestellung, Quellenbeschreibung, Analyse der Quelle, Analyse der Quellenaussage usw.)
- Planen, Durchführen, Protokollieren von kleineren Forschungsarbeiten (Experimente, Versuche)

III. Das Sozialverhalten der Schülerinnen/Schüler

1) Ermitteln Sie in einer Klasse, welche Schüler/Schülerinnen bestimmte Ämter und Verantwortlichkeiten übernommen haben (Datenschutz beachten!)!

Schüler	Ämter	Verantwortlichkeiten

2) Im Unterricht sind Ihnen einzelne Schüler/Schülerinnen hinsichtlich ihres Sozialverhaltens positiv oder negativ aufgefallen. Beobachten Sie zwei Schüler/innen mit unterschiedlichem Verhalten in verschiedenen Unterrichtsfächern, bei verschiedenen Lehrern/Lehrerinnen und in der Pause!

	Verhalten des Schülers/der Schülerin A
bei Lehrkraft (1)	
bei Lehrkraft (2)	
im Fach:	
im Fach:	
in der Pause:	

	Verhalten des Schülers/der Schülerin B
bei Lehrkraft (1)	
bei Lehrkraft (2)	
im Fach:	
im Fach:	
in der Pause:	

3) Schreiben Sie sich die Verhaltensregeln auf, die in einer ausgewählten Klasse ausgesprochen oder unausgesprochen gelten!

Klasse:

ggf. Fach:

explizite Regeln

_____

_____

_____

_____

implizite Regeln:

_____

_____

_____

_____

4) Skizzieren Sie den Ablauf eines Konflikts in einer Klasse hinsichtlich seiner Ursache sowie der Art und dem Umfang der Schülerbeteiligung. Besprechen Sie sich mit dem Tutor/der Lehrkraft!

Klasse:

Konflikt:

Ursachen des Konflikts:

_____

_____

_____

Verlauf des Konflikts:

_____

_____

_____

5) Setzen Sie sich bei einer Gruppenarbeit zu einer Gruppe und beobachten Sie – ohne sich einzumischen – deren Gruppendynamik und Rollenfixierungen! Schreiben Sie danach (nicht während der Gruppenarbeit!) Ihre Beobachtungen dazu auf!

_____

_____

_____

_____

_____

_____

_____

_____

_____

_____

_____

_____

_____

_____

_____

_____

_____

_____

_____

_____

_____

_____

6) Einschätzen des Sozialverhaltens von drei Schülern/Schülerinnen, die bei einer unstrukturierten Beobachtung aufgefallen sind, über mehrere Schultage. (Zutreffendes ankreuzen! Auswertungsgespräch mit Praktikumslehrer/Fachlehrer)

Kategorien	Nr. d. Schülers/Schülerin		
a) Kontaktfreude 1 sehr intensiv, Schüler ist aufgeschlossen für die anderen 2 oft Kontakt 3 unterschiedlich häufig Kontakt 4 schüchtern, kontaktarm 5 Einzelgänger, teilnahmslos 6 …			
b) Hilfsbereitschaft 1 hilft immer von sich aus den Mitschülern 2 hilft immer, wenn der Lehrer darum bittet 3 hilft, wenn es sein muss 4 beteiligt sich möglichst wenig am Helfen 5 will sich durchsetzen und verfolgt teilweise aggressiv eigene Interessen 6 …			
c) Kooperation 1 ordnet sich immer Gruppen zu und bringt positive Beiträge auf der Inhalts- und Sozialebene 2 nimmt Rücksicht auf die anderen, ohne auf den eigenen Standpunkt zu verzichten 3 bemüht sich manchmal um ein soziales Klima in der Klasse 4 zeigt sich wenig verträglich, ist leicht kränkbar und unhöflich 5 zeigt sich rücksichtslos und ist nicht einordnungswillig 6 …			

4. Unterrichtsprozesse und erzieherische Maßnahmen analysieren

Basisinformationen

Jede/jeder Lehramtsstudierende hat in sich eine Vorstellung (**subjektive Theorie**) darüber, wie guter Unterricht aussieht, was richtiges Lehrerverhalten ist und wie Schülerinnen und Schüler sich im Unterricht und in der Schule benehmen sollten. Solche Vorstellungen zum Unterrichten und Lernen sind meist auf Grund von erfreulichen oder leidvollen eigenen Schulerfahrungen und aus Gesprächen mit anderen Schülern und Schülerinnen oder Lehrern entstanden, hängen also in der Regel noch mit ihrer Schülerrolle zusammen. Im Lehramtsstudium und speziell im Schulpraktikum soll nun der Wechsel in die Lehrerrolle angebahnt werden. Dazu ist es nötig, das **komplexe und komplizierte Interaktionsgeschehen „Unterricht"** nach zentralen Strukturelementen aufzulösen und diese zu analysieren. Man muss den Unterricht sozusagen „von außen" betrachten und in Distanz zur „Sache Schulunterricht" und zur eigenen Person die wichtigsten Unterrichtsfaktoren (Variablen, Elemente) und Lehrer-Schüler-Verhaltensweisen erfassen. Dafür müssen drei Dinge vorüberlegt werden:

1) Die Ermittlung des Unterrichtsverlaufs

Im Praktikum erfolgt die Unterrichtsbeobachtung in der Regel als „**Feldbeobachtung**".

Im Unterschied zur Beobachtung von Personen (Schüler/-innen, Lehrer/-innen), die am besten in **Diagrammen und Skalen** ausgearbeitet wird, lässt sich der Unterrichtsverlauf besser auf der Grundlage eines **Unterrichtsprotokolls** besprechen. Dazu stehen verschiedene Möglichkeiten zur Verfügung:

- **das narrative** Unterrichtsprotokoll, bei dem unstrukturiert der Unterrichtsverlauf so aufgeschrieben wird, wie der Beobachter ihn (selektiv) wahrnimmt.
- **das Wortprotokoll,** bei dem der Unterricht Wort für Wort mitgeschrieben (bzw. von einer Tonaufzeichnung abgeschrieben) wird, eventuell mit Hinweisen auf den Beziehungsaspekt des Gesprochenen, damit anschließend die Quantität und die Qualität der Wortbeiträge ausgewertet werden können,
- **das teilformalisierte** Protokoll, bei dem der Unterrichtsverlauf hinsichtlich der Methodenstruktur und der Entfaltung des Inhalts unter Verwendung der didaktischen Fachbegriffe (z.B. Einstiegsphase, Frontalunterricht, freies Unterrichtsgespräch, Tafelanschrift usw.) abgekürzt in Spalten aufgeschrieben wird, und **das formalisierte** Protokoll, das den Unterricht z.B. in Form eines Flussdiagramms in seinem Ablauf strukturiert.
- **die Videografie** des Unterrichts, d.h. eine Videoaufzeichnung des Unterrichts mit Hilfe von Kameras und Mikrofonen, die zwecks Auswertung am Computer bearbeitet wird.

2) Die Strukturierung des Unterrichts mit Hilfe eines Theoriemodells

Für die Unterrichtsanalyse (des Berufsanfängers) hat sich seit längerem ein kategorialanalytisches Strukturmodell als brauchbar erwiesen, das (in Anlehnung an P. Heimann, G. Otto und W. Schulz) folgende Form hat:

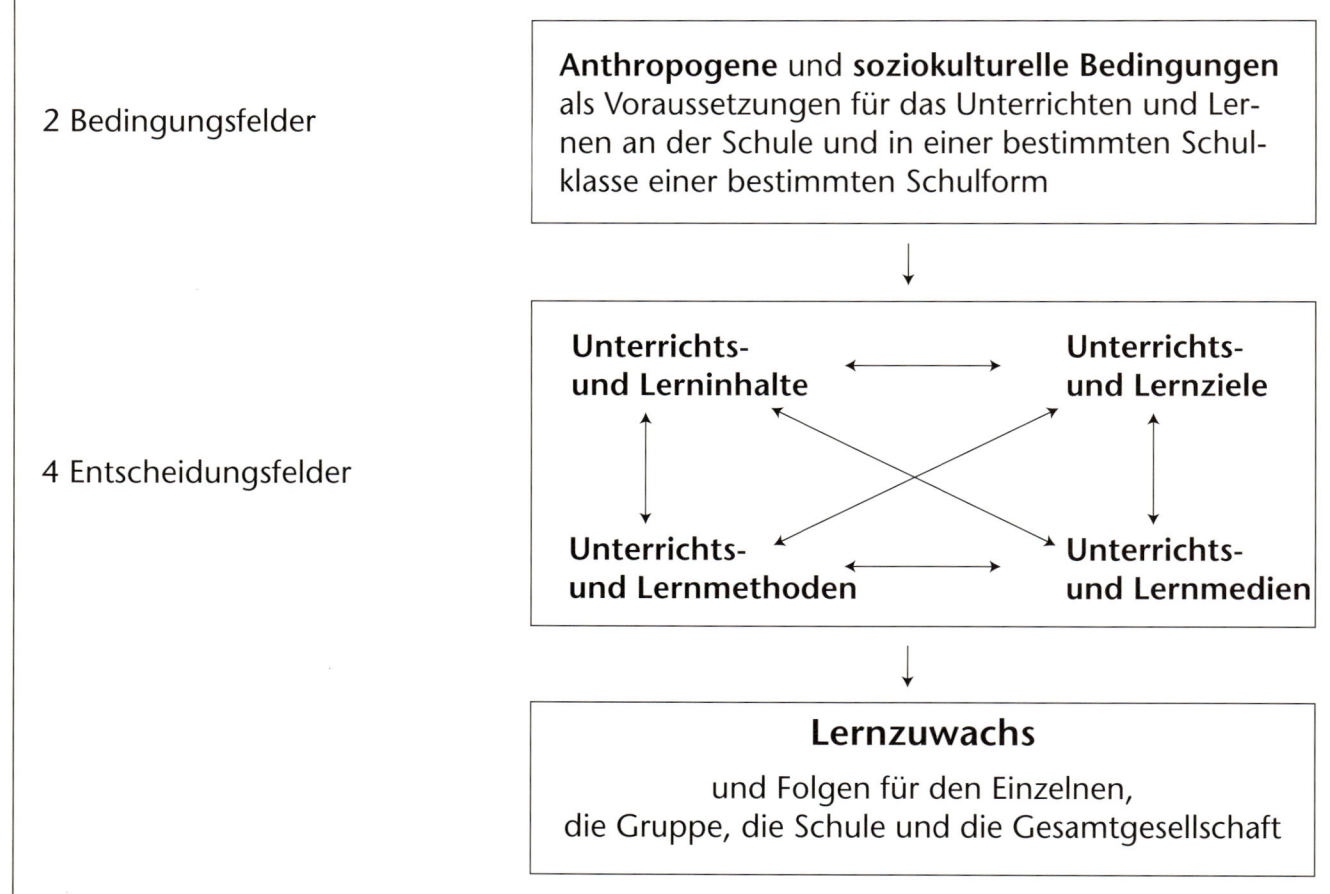

| 2 Bedingungsfelder | **Anthropogene** und **soziokulturelle Bedingungen** als Voraussetzungen für das Unterrichten und Lernen an der Schule und in einer bestimmten Schulklasse einer bestimmten Schulform |

Unterrichts- und Lerninhalte ↔ **Unterrichts- und Lernziele**

4 Entscheidungsfelder

Unterrichts- und Lernmethoden ↔ **Unterrichts- und Lernmedien**

Lernzuwachs
und Folgen für den Einzelnen,
die Gruppe, die Schule und die Gesamtgesellschaft

Mit Hilfe dieses Strukturmodells lassen sich als zentrale Faktoren des Unterrichtsgeschehens identifizieren und analysieren:

- die **Schule** als organisierte Institution der Gesellschaft
- die **Lehrer**/-innen und die **Schüler**/-innen als Individuen und Akteure im Unterricht
- die fachlichen und erziehlichen **Unterrichtsziele** kognitiver, emotional/sozialer und pragmatischer Art mit jeweils unterschiedlichem Anspruchsniveau,
- die i. d. R. vom Lehrplan vorgeschriebenen und in Lehr-Lernprozesse umzusetzenden **Unterrichtsinhalte**
- die in den verschiedenen Unterrichtskonzeptionen mit direkter Instruktion (Lehrergesteuerter Unterricht), indirekter Instruktion (Offener Unterricht) und kooperativer Instruktion (Lehrer-Schülergesteuerter Unterricht) angewandten **Unterrichtsmethoden**
- die eingesetzten **Unterrichtsmedien** fremd- oder selbstproduzierter Art.

Diese 6 Strukturelemente stehen in einer wechselseitigen Abhängigkeit (Interdependenz). Besonders eng ist die Beziehung zwischen den Inhalten und den Zielen des Unterrichts, denn Inhalte und Ziele ergeben zusammen das **Thema des Unterrichts**. Ein ähnlich enger Zusammenhang besteht zwischen den Methoden und Medien, da sich bestimmte Methoden nur durch die Benutzung von Medien durchführen lassen.

3) Die Durchführung erzieherischer Maßnahmen

Die Schule hat von der Gesellschaft eine Bildungs- und Erziehungsaufgabe für Kinder und Jugendliche übertragen bekommen; dabei soll sie bei der Erziehung mit den Eltern zusammenarbeiten. Nach dem heutigen Verständnis soll Erziehung Kindern und Jugendlichen dazu verhelfen, ihre Persönlichkeit zu entfalten und mündig zu werden, d.h. Fähigkeiten und Fertigkeiten zu entwickeln, selbstständig und selbstbestimmt zu werden, eigenverantwortlich und sozial zu handeln sowie über Sinn und Wert zu reflektieren.

Lehrerinnen und Lehrern kommt es deshalb zu, Schüler und Schülerinnen die folgenden **Kompetenzen** erlangen zu lassen:

- **Sachkompetenz** (Fachkenntnisse, Sachverstand, Sachlichkeit im Reden und Handeln)
- **Sozialkompetenz** (Toleranz, Mitmenschlichkeit, Rücksichtnahme, konfliktfreie Kooperation)
- **Selbstkompetenz** (positives Selbstwertgefühl, Selbstständigkeit, Selbststeuerung, Verantwortungsgefühl, Leistungsbereitschaft, Selbstkritik, Kritikfähigkeit)
- **Methodenkompetenz** (Lerntechniken, Arbeitstechniken)
- **Moralkompetenz** (Orientierung an Werten, Befassen mit der Sinnfrage).

Dabei ist zu bedenken, dass Erziehung nicht machbar ist und folglich trotz angestrengter Bemühungen der Lehrkraft auch erfolglos bleiben kann.

Erziehungsmaßnahmen können im Schulunterricht **direkt** und **indirekt** erfolgen.

Direkte (= intentionale) Erziehungsmaßnahmen sind solche, bei denen die Lehrkraft in der unmittelbaren Situation eingreift

- indem sie unterstützt, anregt, fördert, belobigt
- indem sie das Fehlverhalten bespricht und korrigiert
- indem sie Verhalten entgegenwirkt durch Strafen, Wiedergutmachenlassen, Ertragenlassen der Konsequenzen von Fehlverhalten.

Indirekte (= funktionale) Erziehungsmaßnahmen sind solche, die durch die äußeren Rahmenbedingungen erfolgen:

- Schul- oder Klassenordnung, Regeln in der Klasse (z.B. Gesprächsregeln)
- Rituale (z.B. der Glockenton nach der Freiarbeitsphase)
- Verantwortlichkeiten (z.B. Ämter und Dienste)
- Methoden des Unterrichts (z.B. Partnerarbeit, Gruppenarbeit, Projektarbeit, offener Unterricht)
- ausgewählte Inhalte (z.B. Themen, die zur Auseinandersetzung mit Werten herausfordern).

Unter erzieherischem Gesichtspunkt wichtig ist vor allem auch das **Lehrerverhalten**. Denn – ob beabsichtigt oder nicht – der Lehrer/die Lehrerin ist durch Verhalten, Sprache, Problemlösen und Unterrichtsstil immer Modell und oft auch Vorbild für die Schüler. Selbstverständlich sind auch außerunterrichtliche und außerschulische Aktivitäten, Aktionen und Veranstaltungen des **Schullebens** für die Erziehung der Schüler und Schülerinnen bedeutsam.

 Übungen

I. Ermitteln Sie an Hand eines Unterrichtsvideos die didaktischen Entscheidungen, die der Lehrer/die Lehrerin bei der Unterrichtsplanung getroffen hat!

1) Betrachten Sie die ersten Minuten der Unterrichtstunde und schreiben Sie stichwortartig auf, welche Unterrichtsziele Ihrer Meinung nach angestrebt werden! Überprüfen Sie Ihre Vermutung nach Ablauf der ganzen Stunde!

Vermutete Unterrichtsziele:

_____

_____

_____

_____

_____

_____

Tatsächliche Unterrichtsziele

_____

_____

_____

_____

_____

_____

2) Notieren Sie stichpunktartig, in welchen Abschnitten/Lernschritten der Unterrichtsinhalt entfaltet wurde!

_____

_____

_____

3) Methodenvariation gilt als Mittel für einen abwechslungsreichen Unterricht. Schreiben Sie auf, welche Unterrichtsmethoden und Unterrichtsmedien in der Stunde verwendet wurden, und diskutieren Sie darüber, ob die Auswahl für das Lernen der Schüler und die Entfaltung des Unterrichtsinhalts günstig war!

Unterrichtsmethoden und -medien:

4) Machen Sie an einem Beispiel aus der Unterrichtsstunde klar, wie jede didaktische Einzelentscheidung mit anderen und mit den Unterrichts- und Lernbedingungen zusammenhängt (Prinzip der Interdependenz)!

5) Fertigen Sie von der Unterrichtsstunde ein narratives (freies) Unterrichtsprotokoll an und strukturieren Sie es anschließend in teilformalisierter Form!

Narratives Unterrichtsprotokoll:

Datum: _____

Klasse: _____

Fach: _____

Thema/Stundenziel: _____

Teilformalisiertes Protokoll

Datum: _____

Klasse: _____

Fach: _____

Thema/Stundenziel: _____

Entfaltung des Lerninhalts	Methodik	Medien

II. Lehrerverhalten und Unterrichtsstörungen

1) Auszug aus dem Protokoll einer Mathematikstunde, 11. Klasse Gymnasium

Die Lehrerin stellt sich uns vor; ein Schüler verlangt, dass sie auch mit Namen vorgestellt werden. Die Lehrerin will mit dem Unterricht beginnen, es herrscht aber Lärm. Lehrerin: „Jetzt ist aber Ruhe!" In einer Ecke werden Tische gerückt, sie schaut dorthin. Es ist laut: Unterhaltung, Gekicher. Die Lehrerin fragt nach Grenzwerten, einzelne Schüler antworten. Zwei Schüler unterhalten sich in normaler Lautstärke. Die Lehrerin verteilt ein Papier mit dem Lösungsweg von Grundwertaufgaben, das eine Kollegin angefertigt hat. Sofort Protest: Man könne die Schrift nicht lesen, da es nicht die Handschrift der eigenen Lehrerin sei (das Papier ist aber gut zu lesen!). Die Lehrerin schreibt eine Aufgabe an, verschreibt sich bei einem Wort und verbessert es. Obwohl der Sinnzusammenhang klar ist, protestieren die Schüler. Die Lehrerin schreibt das ganze Wort freiwillig noch einmal an die Tafel: „Mit dieser Funktion wollen wir den Lösungsweg überprüfen." Ein Schüler: „Wollen wir? Das nervt." Lehrerin: „Lass das Flöten sein!" Ein Schüler rülpst. Die Lehrerin geht durch die Klasse und spricht mit einzelnen Schülern, die Klasse rechnet jetzt die angeschriebene Aufgabe. Während der Stillarbeit wird ständig gesprochen. Die Lehrerin beantwortet Fragen einzelner Schüler zur Aufgabe. Dann zeichnet sie ein Koordinatensystem an die Tafel und zeichnet die Funktion ein. Sie fragt die Schüler, ob sie fertig sind. Lehrerin: „Wir hatten uns auf drei Minuten geeinigt." Schüler: „Nicht geeinigt, das hatten Sie vorgeschrieben." Ein anderer Schüler: „Das ist ja hier wie in der Fabrik!" Dann wird die Funktion besprochen, einige Mädchen unterhalten sich ständig. Eine sagt ziemlich laut zu ihrer Nachbarin: „Pack mich nicht an!" Die Lehrerin zu einem Schüler, der gesprochen hatte: „Christian, ich kann Ralf so nicht verstehen!" Die Schülerin erneut zu ihrer Nachbarin: „Pack mich nicht an!" Die beiden Schülerinnen sprechen noch immer (sie planen für den Nachmittag; eine erzählt von ihrem Hund). Die Lehrerin beginnt ein Unterrichtsgespräch, der Lärm lebt wieder auf. Lehrerin: „Christina, bitte!" (Sie hatte sich umgedreht und mit dem Mädchen hinter sich gesprochen). Vom vorderen Tisch (4 Mädchen) wird ein Kinoprogramm in die nächste Reihe gereicht. Ein Mädchen liest es unter der Bank (sie hatte vorhin von ihrem Hund erzählt). Ihre Gesprächspartnerin meldet sich auf eine Frage, antwortet aber zu einer Aufgabe, die bereits vor fünf Minuten abgeschlossen worden ist. Mehrere Mädchen unterhalten sich ständig …

Nach: Meyer, Hilbert: Unterrichtsmethoden II: Praxisband. Frankfurt am Main: Cornelsen Scriptor, 5. Auflage 1993, S. 227.

Besprechen Sie folgende Fragen:

1. Was macht die Lehrerin Ihrer Meinung nach falsch?
2. Was würden Sie der Lehrerin raten?

2) Schreiben Sie in Partnerarbeit jeweils 5 Beispiele für aggressives Schülerverhalten auf; bedenken Sie dabei, dass es verbale Aggression und Aggression gegen Personen oder Sachen gibt. Fertigen Sie anschließend daraus eine Liste von 20 Beispielen, die Ihnen besonders markant sind. Stellen Sie sich anschließend in einer langen Linie

auf. Ihr Dozent wird dann ein Beispiel nach dem anderen vorlesen, wobei Sie einen Schritt vortreten, wenn Sie meinen, es handele sich um einen aggressiven Akt und einen Schritt zurücktreten, wenn Sie das verneinen würden.
Besprechen Sie anschließend Ihre Position miteinander!

3) Als die Lehrkraft das Klassenzimmer betritt, streiten sich gerade ein Junge und ein Mädchen um ein Handy; die anderen Schüler stehen um die beiden herum und unterstützen den Jungen oder das Mädchen. Die hereinkommende Lehrkraft nehmen sie nicht wahr. Was soll die Lehrkraft tun?
• Führen Sie dazu Rollenspiele durch!
• Analysieren Sie das jeweilige Verhalten der Lehrkraft!
• Besprechen Sie auch die Gefühle der am Rollenspiel Beteiligten während des Spiels!

4) Um das Verhalten anderer beurteilen zu können, muss man es einschätzen. Dazu verwendet man häufig Schätzskalen, die von +3 bis –3 reichen. Deren Handhabung sollte geübt sein, zumal die Einschätzung wesentlich vom Normkonzept des Handelnden und von dem des Beobachters, von beider Situationswahrnehmung, von der Bewertung durch den davon Betroffenen und vom Verhalten der Bezugsgruppenmitglieder abhängt. Als Beispiel soll hier die Beobachtungskategorie „Wertschätzung des Schülers durch den Lehrer" ausgewählt werden, und die Skalenwerte sollen wie folgt operationalisiert sein:

Stufe +3   persönlich-engagiert, partnerschaftlich, lobend
Stufe +2   höflich, ermutigend, warmherzig
Stufe +1   geduldig, tolerant, achtend
Stufe 0   Wertschätzung und Geringschätzung gleichermaßen
Stufe –1   ungeduldig, verärgert, intolerant
Stufe –2   unbeherrscht, unhöflich, entmutigend
Stufe –3   verletzend, verachtend, beleidigend

Sprechen Sie sich die Sätze leise vor und schätzen Sie für sich allein die folgenden Lehreräußerungen ein! Schreiben Sie die entsprechende Stufe in das Kästchen! Vergleichen Sie Ihr Urteil anschließend mit dem Ihrer Kommilitonen/-innen in einer Vierergruppe!

a) „Nein, jetzt legt ihr die Bücher weg."

b) „Heute produzierst du wieder nur Käse."

c) „Geht das auch schneller, Udo?"

d) „Ja, du hast recht, das erledigen wir nächste Stunde."

e) „Das habe ich mir gleich gedacht, das konntest ja nur du gewesen sein."

f) „Ihr müsst euch melden, wenn ihr etwas nicht verstanden habt."

g) „Das hat mir jetzt richtig gut gefallen, wie ihr das gemacht habt."

h) „Ich bin sicher, das schaffst du, versuch's doch noch einmal!"

i) „Bitte Evi, du wolltest noch etwas sagen."

☐	j) „Komm doch mal vor und zeig den anderen, wie du es gemacht hast!"
☐	k) „Los, los, macht mal zügig, ich will ja nicht bis übermorgen hier sitzen bleiben!"
☐	l) „Hab' ich dir nicht gesagt, du hättest für den Rest der Stunde Sendepause."
☐	m) „Ja, ja, das wissen wir alles schon, Michael."
☐	n) „Ihr seid wirklich Trottel."
☐	o) „Der nächste, das dauert mir bei dir einfach zu lange."
☐	p) „Halt jetzt endlich deinen Mund! Mir reicht es jetzt."
☐	q) „Oh, tut mit leid, da hab ich mich vertan."
☐	r) „Ach so, du meintest das anders. Ja, da hast du natürlich recht."
☐	s) „Kannst du nicht wenigstens einmal klar und deutlich lesen?"
☐	t) „Komm setz dich hin und sei still, ist gut jetzt!"
☐	u) „Hausaufgaben, wie immer, mündlich und ein paar Stichpunkte aufschreiben."
☐	v) „Bitte, du bist jetzt dran."
☐	w) „Zeig mal her, ich geb' dir einen kleinen Hinweis, dann findest du es bestimmt selbst heraus."

Anwendung im Praktikum

I. Erfassen der Lehrer-Schüler-Interaktionen

1) Quantität und Qualität der kommunikativen Beiträge der Schüler/-innen (Strichliste für mindestens 5 Schüler/-innen nach den Kategorien a)–d) in einer Unterrichtsstunde!)

Jahrgangsstufe: Fach:

Nr. des Schülers	meldet sich von sich aus	meldet sich und kommt zu Wort	meldet sich nicht, wird aber vom Lehrer aufgerufen	a) richtige Antwort b) falsche Antwort c) den Unterricht fördernder Beitrag d) nicht unterrichts- bezogener Beitrag
Beispiel: 17	ℍℍ ℍℍ	//		a) d) …

2) Lehrerreaktionen auf Unterrichtsstörungen (3 auffällige Schüler-/innen auswählen!)

Jahrgangsstufe: Fach:

Kategorien der Unterrichtsstörung:

1. *Schüler/in macht Faxen*
2. *Schüler/in beschäftigt sich anderweitig und fachfremd*
3. *Schüler/in widersetzt sich Lehrer-Anweisungen*
4. *Schüler/in redet in den Unterricht hinein und macht Geräusche*
5. *Schüler/in schwätzt mit Mitschülern*
6.
7.
8.

Kategorien der Lehrerreaktion:

a. *Lehrer/in übergeht die Störung, nimmt die Störung nicht wahr*
b. *Lehrer/in reagiert ablehnend durch Blicke, Gestik, Mimik*
c. *Lehrer/in tadelt mit Worten*
d. *Lehrer/in reagiert ironisch*
e. *Lehrer/in setzt sich mit der Störung lang und breit auseinander*
f.
g.
h.

Schüleraktion	Lehrerreaktion

3) Schwerpunkte des Lehrer- und Schülerverhaltens bei verschiedenen Lehrern/Lehrerinnen (Strichliste)

Kategorien	1. Lehrer/in Fach:	2. Lehrer/in Fach:
1. Geht auf die Schüler und ihre Gefühle und Verhaltensweisen persönlich ein.		
2. Lobt, ermutigt, bestärkt, hilft den Schülern.		
3. Schafft eine entspannte Lernatmosphäre durch Humor, Geduld und Takt.		
4. Geht auf Schülergedanken und Anregungen ein und verwendet sie.		
5. Stellt enge Fragen zum Unterrichtsinhalt.		
6. Stellt offene Fragen, fragt nach Meinungen, Bewertungen.		
7. Teilt meist im Lehrervortrag Fakten, Meinungen oder Ansichten mit.		
8. Erteilt häufig Anweisungen und Anordnungen.		
9. Setzt Schüler herab, kritisiert unter Berufung auf die eigene Autorität.		
10. Berücksichtigt Phasen der Stille.		

Besondere Kennzeichen des Schülerverhaltens bei:
1. Lehrer/in:

_____

_____

_____

_____

_____

2. Lehrer/in:

_____

_____

_____

_____

_____

4) **Beobachten und analysieren Sie das Verhalten eines auffälligen Schülers/einer Schü-**
lerin im Klassenunterricht während eines Schulvormittags! Klassifizieren Sie es an-
schließend und besprechen Sie mögliche Erziehungsmaßnahmen mit dem Lehrer!
(Anregungen bei Dreikurs, R. u. a.: Disziplin ohne Tränen. München 1995, S. 35–54)

Auffälliges Verhalten:

_____

_____

_____

_____

_____

Art des Schülerverhaltens (ankreuzen):

- ☐ Unfug
- ☐ Clownerei
- ☐ Angeberei
- ☐ „enfant terrible"
- ☐ Trotz
- ☐ rüpelhaftes Benehmen
- ☐ Streitsucht
- ☐ absichtliches Missachten von Regelungen
- ☐ Launen
- ☐ demonstrative Faulheit
- ☐ Brutalität
- ☐ Arglist/Gehässigkeiten
- ☐ Freude bei Gewalttätigkeiten
- ☐ innere Abwesenheit
- ☐ tätliche Angriffe
- ☐ Lust am Zerstören
- ☐ zur Schau gestellte Leistungsverweigerung
- ☐ Gleichgültigkeit
- ☐ Lügen
- ☐ sinnlose Destruktivität

Vermutete Absicht des Schülers:

- ☐ Aufmerksamkeit des Lehrers erregen
- ☐ Macht demonstrieren
- ☐ Rache nehmen
- ☐ Prestige in der Gruppe/Klasse schützen
- ☐ _____
- ☐ _____
- ☐ _____
- ☐ _____

Maßnahmen zur Korrektur des Schülerverhaltens:

_____

_____

_____

_____

_____

_____

_____

_____

_____

_____

_____

Eigene Stellungnahme:

_____

_____

_____

_____

_____

_____

_____

_____

_____

_____

_____

_____

_____

_____

5) Beschreiben Sie drei verschiedene Situationen, in denen ein Lehrer/eine Lehrerin versucht hat, erzieherisch auf einen Schüler/eine Schülerin einzuwirken! Besprechen Sie Ihre Überlegungen mit dem Lehrer/der Lehrerin!

Situation	erzieherische Maßnahmen/Handlung	Wie hätten Sie gehandelt?
1)		
2)		
3)		

II. Strukturieren der Unterrichtsstunde

1) Fertigen Sie ein narratives Unterrichtsprotokoll zu einer Hospitationsstunde an!

Datum: _____

Klasse: _____

Fach: _____

Thema/Stundenziel: _____

_____

_____

_____

_____

_____

_____

_____

_____

_____

_____

_____

_____

_____

_____

_____

_____

_____

_____

_____

_____

_____

_____

_____

_____

_____

_____

2) Fertigen Sie ein teilformalisiertes Protokoll zu einer Hospitationsstunde an!

Datum: _____

Klasse: _____

Fach: _____

Thema/Stundenziel: _____

Entfaltung des Lerninhalts	Methodik	Medien

III. Erfassen unterrichtsrelevanter Lehrerentscheidungen

1) Notieren Sie Versuche des Lehrers/der Lehrerin, die Schüler/-innen am Beginn der Stunde für das Thema/den Unterrichtsstoff zu motivieren! (Möglichst 3 Beispiele aus unterschiedlichen Fächern!)

1)

Jahrgangsstufe: _____   *Fach:* _____   *Thema:* _____

Motivierung: _____

2)

Jahrgangsstufe: _____   *Fach:* _____   *Thema:* _____

Motivierung: _____

3)

Jahrgangsstufe: _____   *Fach:* _____   *Thema:* _____

Motivierung: _____

2) Sammeln Sie mindestens 3 Beispiele dafür, wie der Lehrer/die Lehrerin die Schüler über das Unterrichtsziel informiert hat!

1)

Jahrgangsstufe: _____   *Fach:* _____   *Thema:* _____

Zielangabe: _____

2)

Jahrgangsstufe: _____   *Fach:* _____   *Thema:* _____

Zielangabe: _____

3)

Jahrgangsstufe: _____   *Fach:* _____   *Thema:* _____

Zielangabe: _____

3) Notieren Sie zu einer Hospitationsstunde den Medieneinsatz!

Welche Medien?	In welcher Phase des Unterrichts?	Arbeitsweise der Schüler beim Medieneinsatz?

4) Welche Möglichkeiten zur Ergebnissicherung konnten Sie beobachten?

(3 Beispiele)

1)

Jahrgangsstufe: _____   Fach: _____   Thema: _____

Ergebnissicherung: _____

2)

Jahrgangsstufe: _____   Fach: _____   Thema: _____

Ergebnissicherung: _____

3)

Jahrgangsstufe: _____   Fach: _____   Thema: _____

Ergebnissicherung: _____

5) Schreiben Sie am Schluss einer Hospitationsstunde auf, was die Schülerinnen/Schüler Ihrer Meinung nach in dieser Stunde dazugelernt haben, und fragen Sie anschließend den Lehrer/die Lehrerin nach deren Lehrintention!

Klasse: _____ *Fach:* _____ *Thema:* _____

Vermuteter Lernzuwachs in der Stunde:

_____

_____

_____

_____

_____

_____

Intendierter Lernzuwachs:

_____

_____

_____

_____

_____

_____

_____

_____

_____

_____

_____

6) Erfragen Sie mit der „Methode des nachträglichen lauten Denkens", was der Lehrerin/dem Lehrer während der Stunde „durch den Kopf" ging und was sie/er beim Unterrichten „empfunden" hat!

_____

_____

_____

7) Bitten Sie den Lehrer/die Lehrerin, Ihnen eine spontane Antwort auf die Frage zu geben, was ihm/ihr besonders am Unterrichten und Erziehen gefällt oder welche Erfolgserlebnisse ihn/sie besonders gefreut haben bzw. freuen!

5. Schulform- und fachspezifische Aspekte beim Unterrichten und Erziehen wahrnehmen

 Basisinformationen

Schulen sind Stationen in der Lernbiografie des Menschen. Als Lernorte nehmen sie die Lebenszeit von Jungen und Mädchen für eine bestimmte Zeit in Anspruch, um ihnen einen kontinuierlichen Kompetenzaufbau zu ermöglichen. Dazu bieten sie den Heranwachsenden Lerninhalte mit Lernzielen in bestimmten Schulfächern an und ermöglichen ihnen im Unterricht und im Schulleben bildende und erzieherisch bedeutsame Erfahrungen. In Art, Umfang und Anspruch sind die Schulfächer der Lernentwicklung und der Persönlichkeitsbildung der Jungen und Mädchen angepasst. Die Zuordnung zu bestimmten Schulformen folgt ihrem in der Schule gezeigten Lern- und Leistungsverhalten. Dessen ungeachet ist Allgemeinbildung das gemeinsame Ziel aller Schulfächer und Schulformen. Dabei setzt jede Schulform spezifische Akzente. In neueren Lehrplänen kommt das folgendermaßen zum Ausdruck:

1. **Die Grundschule** hat den Auftrag, jeden Schüler/jede Schülerin in der Persönlichkeitsentwicklung zu fördern. Sie vermittelt den Kindern eine grundlegende Bildung. Das geschieht durch das Erlangen instrumenteller Fähigkeiten, wie Lesen, Schreiben, Rechnen und mit dem Computer umgehen, durch den Erwerb von Wissen, Verstehen und Können, durch die Entwicklung von Interessen, durch die Unterstützung beim Aufbau von sozialen Verhaltensweisen und musisch-ästhetischen und praktischen Fähigkeiten sowie durch die Anbahnung von Werthaltungen.

2. **Die Hauptschule** vermittelt ihren Schülern eine fundierte, dem praktischen Leben zugewandte Allgemeinbildung. Das geschieht dadurch, dass den Schülern und Schülerinnen die wesentlichen Bereiche der Kultur erschlossen werden und dass ihnen zu einer vielseitigen persönlichen Entfaltung verholfen wird. Dazu vermittelt sie einen Grundbestand an Wissen und Können und fördert individuelle Begabungen und Neigungen der Schüler. Sie weckt neue Interessen und hält sie dazu an, ihr Leben verantwortlich zu gestalten und ihre Rechte und Pflichten in der Gesellschaft wahrzunehmen.

3. **Die Realschule** vermittelt eine fundierte und umfassende Allgemeinbildung und legt bei den Schülern und Schülerinnen Grundlagen für die Ausbildung in Berufen mit erhöhter, fachlicher, ökonomischer, ökologischer und sozialer Verantwortung in Industrie, Handwerk, Handel und Verwaltung sowie in sozialen, gestalterischen und hauswirtschaftlichen Bereichen. Sie bringt theoretische und praktische Dimensionen beim Lernen zusammen.

4. **Das Gymnasium** vermittelt die vertiefte allgemeine Bildung, wie sie für ein Hochschulstudium und für eine herausgehobene Ausbildung außerhalb der Hochschule vorauszusetzen ist. Dazu fördert das Gymnasium bei Schülern und Schülerinnen mit besonders großer Lern- und Leistungsfähigkeit und -bereitschaft eine breite Wissensbasis auf hohem Abstraktions- und Theorieniveau, Orientierung bei der Beantwortung von Wert- und Sinnfragen sowie kulturelle und personale Identitätsfindung.

Die Entwicklung der Kompetenzen, die ein Schüler/eine Schülerin auf ihrem Weg durch die Schule erwerben soll, wird in der Schulpädagogik von heute als ein zyklischer Aufbau (im Sinne von J. Bruner) gesehen.

Alle Schulfächer tragen zur Erlangung der Allgemeinbildung auf spezifische Weise bei. Wenn mit Allgemeinbildung eine Bildung für alle, in all ihren Fähigkeiten und in allen für das Verstehen von Welt und Mensch wichtigen Inhaltsbereichen gemeint ist, dann sind die **Schulfächer**, bildlich gesprochen, **Fenster zur Weltwirklichkeit**. Sie betrachten Mensch und Welt unter einer spezifischen Perspektive und wenden dazu spezifische Methoden an.

Die folgende Übersicht veranschaulicht das:

Fach	Spezifische Aspekte der Allgemeinbildung
Kath./Ev. Religionslehre, Ethik	die religiösen Dimensionen und die Reflexion über den Sinn und Verantwortung
Deutsch	zivilisatorische Basisqualifikationen (Lesen, Schreiben, Computernutzung) Verständigung als gedankliche und ästhetische Auseinandersetzung mit Mensch und Welt
alte Sprachen	Sprachbewusstsein und Horizonterweiterung in literarischer, mythologischer, rhetorischer, musischer und philosophischer Hinsicht
neuere Sprachen	Sprachgefühl, Flexibilität, Kommunikationsfähigkeit, Einsichten in das Wesen von Sprache und sprachlicher Verständigung und in den Zusammenhang von Sprache und Kultur
Mathematik	das quantitativ Erfassbare und durch mathematisches Wissen Gestaltbare; die Bedeutung zweckfreier Erkenntnis
Naturwissenschaften	die Strukturen und Bewegungen der Natur, ihrer Kräfte und Wechselwirkungen
Geschichte	der historisch fassbare Mensch und die Strukturen; Verläufe und Verhältnisse seiner Lebenswelt
Erdkunde	die Raumstruktur der Erde, ihr Werden, ihr Wandel und ihre Wirkungen
Sozialkunde/Sozialpraktische Grundbildung	die soziale Existenz des Menschen und die Bedeutung der Politik
Wirtschafts- und Rechtslehre/ Rechnungswesen	Recht und Wirtschaft als gesellschaftsprägende Faktoren und Entwürfe des Menschen

Fach	Spezifische Aspekte der Allgemeinbildung
Kunsterziehung/Textilarbeit/Werken	Veranschaulichen, Ordnen und kreatives Ausdrücken von Erscheinungsformen, Gedanken und Ideen in der Welt
Musik	Ausdrücken von Gefühlen und Gedanken auf nonverbale interkulturelle Weise
Sport/Bewegung	Ausdruck des Bedürfnisses und der Freude des Menschen an musisch-tänzerischer, spielerischer und turnerischer Betätigung und Bewegung

Schulform- und fachspezifische Aspekte berücksichtigen immer auch die Entwicklung des Schülers/der Schülerin in den Jahren ihrer Schulzeit. Die folgende Zusammenstellung gibt dazu einen komprimierten Überblick:

Lernen in der Kindheit: 6–11/12 Jahre

- realistisch, bildhaft-anschaulich
- vielseitige Interessen
- starker Tätigkeitsdrang
- person-, weniger sachbezogen
- wachsende Ich-Stärke bei Lernerfolgen
- Spielhaltung, beginnende Arbeitshaltung
- Lernen durch Konditionierung, am Modell, durch Versuch und Irrtum, Anfänge des Problemlösens
- Übergang zu formal-operativem Denken
- soziale Beziehungen am eigenen Vorteil orientiert

Lernen im Jugendalter: bis 18 Jahre

- begrifflich-abstrakte, symbolische Vorstellungen
- formal-operatives Denken
- Identitätssuche (Ideale, Werte)
- Gleichaltrigengruppe mit Gruppenkonsens
- Eigenkontrolle des Leistungsverhaltens
- kritisches Hinterfragen der Lerninhalte
- Lernen durch Versuch und Irrtum, durch Einsicht und durch Problemlösen, aber auch am Modell
- Interesse an sich selbst, an Ästhetik

Lernen im jungen Erwachsenenalter: ab 18 Jahre

– abhängig von Lerngewohnheiten und von der Lerngeschichte (Kreativität-Rezeptivität)
– Lernen durch Versuch und Irrtum oder durch Einsicht, wobei Sozialisationserfahrungen fördernd oder hemmend wirken
– bei Lerninhalten meist intrinsisch (innerlich) motiviert, wenn sie bestimmten Verwendungssituationen und Handlungsfeldern zugeordnet werden könnnen
– besondere Bedeutsamkeit des Lernklimas (Kontaktbedürfnis, Partizipation).

 Übungen

I. Es gibt Unterrichtsthemen, die in verschiedenen Schulstufen behandelt werden. Notieren Sie Inhaltsaspekte und Ziele für die jeweilige Schulstufe! Ziehen Sie ggf. die entsprechenden Lehrpläne und Schulbücher zu Rate.

1) **Beispiel: Wasser**

Grundschule:

Inhaltsaspekte	Lernziele

Sekundarstufe I:

Inhaltsaspekte	Lernziele

2) Beispiel: Reichskanzler Otto v. Bismarck (1815–1898)

Sekundarstufe I:

Inhaltsaspekte	Lernziele

Sekundarstufe II:

Inhaltsaspekte	Lernziele

II. In einem Englisch-Schulbuch für die 10. Jahrgangsstufe findet sich die folgende Aufgabenstellung:

Translate the following sentences into English and explain why the underlined forms are tricky for Germans to translate.

1. Ich <u>habe</u> dich gestern <u>gesehen</u>. 2. <u>Mir</u> ist eine Stelle angeboten worden. 3. Ich will, <u>dass</u> sie mir hilft. 4. <u>Diese Informationen</u> sind nützlich. 5. <u>Sprichst</u> du Deutsch? 6. Carl schlug vor, ins Kino <u>zu gehen</u>. 7. Warte, ich <u>öffne</u> dir die Tür. 8. Ich fühle <u>mich</u> nicht wohl. 9. Wenn du mit dem Zug <u>fahren würdest</u>, könntest du Geld sparen. 10. <u>Mit wem</u> spricht er?

Listen Sie genau auf, über welche Kenntnisse (Kompetenzen) die Schüler/Schülerinnen verfügen müssen, um die Aufgabe fehlerfrei bearbeiten zu können!

_____

_____

_____

_____

_____

_____

_____

_____

_____

_____

_____

_____

_____

III. Leseverstehen ist in allen Unterrichtsfächern gefordert.

Um es bei den Schülern/Schülerinnen zu fördern, wird in der Didaktik (vgl. P. Kühn) ein Drei-Phasen-Modell empfohlen:

a) Verstehensaufgaben vor dem eigentlichen Lesen stellen, z.B. zur Aktivierung des Vorwissens, zum Aufbau von Erwartungen, zur Vorbereitung auf den Inhalt und dessen Zuordnung zu Bekanntem.

b) Verstehensaufgaben während des Lesens stellen, z.B. Markieren, Strukturieren, Schlüsselwörter erfassen, Unverstandenes mit Fragezeichen versehen, Kurzkommentare an den Rand schreiben.

c) Verstehensaufgaben nach dem Lesen stellen, z.B. Wiedergeben des Verstandenen statt Rückfrage zum Nichtverstandenen, Zusammenfassung des Inhalts, Kommentare, Transformation des Inhalts in andere Darstellungsformen, Verwendungs-/Anwendungssituationen der Textinformationen überlegen.

Lesen Sie nun das folgende Textbeispiel durch und bearbeiten Sie in Gruppen, wie Sie das Leseverstehen der Schüler/Schülerinnen auf die o.a. Weise fördern könnten. Beachten Sie auch, dass das Thema des Textes sowohl in der Grundschule als auch in der Sekundarstufe I und dazu noch in unterschiedlichen Fächern behandelt werden kann.

Halloween – Fest der Geister

Der Ursprung von Halloween[1] ist ein uraltes Herbstfest, das von den Kelten[2] am letzten Oktobertag begangen wurde. An diesem Tag war die Erntefeier der Druiden[3], die dem Sonnengott für die Ernte dankten. Überall wurde gebacken, geschmaust und getrunken. Auf den Feldern entzündete man große Freudenfeuer. Gleichzeitig war der Tag im keltischen Kalender der Jahreswechsel, danach begann ein oft sehr kalter Winter. Die Stämme der Kelten, die in England und Irland zu Hause waren, glaubten, dass in der Nacht, die auf das Erntefest folgte, Feen und Geister leibhaftig auf der Erde herumspuken und allerlei Unfug anrichten könnten. All das war Grund genug für Erwachsene und Kinder, gemeinsam zu feiern, sich Gruselgeschichten zu erzählen und mit Krach und Lärm gegen die Geister vorzugehen. Die Menschen wurden später zu Christen, aber den keltischen Brauch behielten sie bei. Als vor etwa 200 Jahren viele Menschen aus Irland und England nach Amerika auswanderten, nahmen sie den Brauch mit in die neue Heimat. Noch heute gehen deshalb in dieser Nacht Kinder in gruseliger Verkleidung von Haus zu Haus und rufen „trick or treat", das bedeutet „Streich oder Süßes". Dahinter steckt die alte keltische Vorstellung, dass die Menschen den Geistern Ehre erweisen sollen, um sie freundlich zu stimmen. Die Kinder bekommen dann viele Süßigkeiten geschenkt und erleben eine ganz besondere Nacht.

Aus: Dolenc, Ruth/Fisgus, Christel/Kraft, Gertrud/Röbe, Edeltraud/Röbe, Heinrich (Hrsg.): Das Auer Lesebuch. Schulbuch für das 3. Schuljahr. Donauwörth: Auer 2006, S. 30

---

1 Halloween: „hallow" (englisch) bedeutet „heilig", Halloween ist die Bezeichnung für die Nacht vor dem Festtag Allerheiligen.
2 Kelten: Ein sehr altes Volk, das vor ungefähr 2500 Jahren weite Teile Europas, ganz Frankreich und die britischen Inseln in Besitz genommen hatte.
3 Druiden hießen die Priester und Wahrsager der Kelten.

 Anwendung im Praktikum

1. Begleiten Sie Ihren Praktikumslehrer/Ihre Praktikumslehrerin im Unterricht in verschiedenen Jahrgangsstufen! Notieren Sie Ihre Beobachtungen zum Anspruchsniveau des Lerninhalts, zum Unterrichtsverhalten der Schüler und Schülerinnen sowie zum Lehrverhalten der Unterrichtenden! Besprechen Sie Ihre Beobachtungen anschließend mit Ihrem Tutor/Ihrer Tutorin!

Am Unterrichtsinhalt fällt auf:

_____

_____

_____

_____

_____

_____

Am Verhalten der Schüler/Schülerinnen fällt auf:

_____

_____

_____

_____

_____

Am Verhalten des Lehrers/der Lehrerin fällt auf:

_____

_____

_____

_____

_____

II. Schülerinnen und Schüler lernen in jedem Unterrichtsfach auch fachspezifische Lern- und Arbeitstechniken, z.B. Quellentexte analysieren in Geschichte, Experimente durchführen in Physik, Beobachtungen beschreiben in Biologie, Inhalte von Texten zusammenfassen in Deutsch, freies Schreiben in Deutsch usw. Beobachten Sie eine Unterrichtsstunde speziell unter diesem Gesichtspunkt, und notieren Sie, welche Techniken an welchem Inhalt erlernt werden konnten!

Fach: _____

Inhalt: _____

erworbene Arbeitstechnik(en): _____

_____

_____

III. Beobachten Sie unsystematisch das Verhalten der Schüler und Schülerinnen an Ihrer Praktikumsschule.
Was kommt ihnen typisch vor für die Schüler und Schülerinnen dieser Schulart? Sprechen Sie mit Ihrem Tutor/Ihrer Tutorin über die schularttypischen Verhaltensweisen der Schülerinnnen und Schüler und notieren Sie das Ergebnis!

_____

_____

_____

_____

IV. Stellen Sie den Schülern und Schülerinnen eine Problemlösungsaufgabe (z.B. im Sachrechnen, in Physik, in Sozialkunde)! Lassen Sie sie dann ihren Lösungsweg mit eigenen Worten aufschreiben. Vergleichen Sie anschließend die unterschiedlichen Lösungswege unter Berücksichtigung der Lernentwicklung von Kindern und Jugendlichen!

_____

_____

_____

_____

6. Lehr- und Sozialtechniken reflektieren und erproben

Basisinformationen

Zum „Handwerkszeug" des Lehrers/der Lehrerin gehört die sichere, routinierte Handhabung sogenannter **Lehr- und Sozialtechniken**, die sich während des Praktikums erproben lässt. Voraussetzung dafür ist, dass der Praktikant/die Praktikantin nach Absprache mit dem Praktikumslehrer/Fachlehrer kleinere **Lehreraktivitäten** im Rahmen des von diesem geplanten Unterrichts übernimmt, wie z.B.:

- etwas erzählen, vorlesen, vortragen, vormachen, vorsingen, vorführen,
- freie und gebundene Unterrichtsgespräche führen,
- Impulse geben und Fragen stellen,
- Schülerarbeiten kontrollieren und korrigieren,
- Tafelanschriften vornehmen und Overheadfolien einsetzen,
- Gruppenarbeiten organisieren,
- Lernstoff abfragen und Hausaufgaben prüfen.

Dabei macht er/sie zugleich Erfahrungen damit, wie man Schüler/-innen motivieren und ihr Lerninteresse unterstützen kann, wie man ihre Konzentration und Aufmerksamkeit erreichen kann und wie man auf Unterrichtsstörungen pädagogisch reagieren sollte. Diese unterrichtlichen Teilaufgaben müssen von den Praktikanten/-innen gründlich vorbereitet werden.

Soll etwas erzählt, vorgetragen oder vorgelesen werden, ist auf eine klare Themenformulierung, eine übersichtliche Gliederung, eine altersangemessene Wortwahl, Medieneinsatz zur Unterstützung des Gesagten und auf lebendige Sprechweise mit Einsatz der Körpersprache zu achten. Hilfreich ist ein Stichwortzettel mit wichtigen Wortpassagen!

Soll etwas vorgemacht, gezeigt oder vorgeführt werden, so müssen komplexe Vorgänge zunächst langsam abschnittsweise und danach nochmals zusammenhängend mit Erläuterungen vor den Augen der Schüler vollzogen werden, so dass sie sich davon ein inneres Bild machen können, nach dem sie die erforderlichen Handlungen dann eigenständig durchführen können.

Soll etwas den Schülern/-innen zum Bearbeiten (Beobachten, Ausführen, Lesen, Schreiben) aufgegeben oder bereitgestellt werden, so ist vorab zu klären, ob die Schüler/-innen die kognitiven, affektiven und psychomotorischen Voraussetzungen (vgl. Kenntnisse, Fertigkeiten, Arbeitstechniken) dafür erfüllen, sodann wie man in die Arbeitsaufgabe einführt und die Aufmerksamkeit der Schüler/-innen sicherstellt; während der selbstständigen Arbeit der Schüler/-innen ist es die Aufgabe des Praktikanten/der Praktikantin, pädagogische Diagnostik zu betreiben, bei Bedarf einzelnen Schülern/-innen Hilfen zu geben, sie zu ermuntern und zu motivieren, ohne allerdings die selbsttätige und selbstentdeckende Lernweise der Schüler/-innen zu beeinträchtigen.

Bei **Impulsen** ist im Unterschied zu lenkenden oder kontrollierenden **Lehrerfragen** dem eigenständigen Denken und Mitgestalten der Schüler/-innen beim Unterrichtsfortgang Raum zu geben.

Bei **Unterrichtsgesprächen**, die der selbstständigen Auseinandersetzung des Schülers/der Schülerin mit den Unterrichtsinhalten dienen, sollten möglichst echte Dialoge entstehen und das Überwiegen des Lehrersprechens ebenso vermieden werden wie unangebrachte schultypische Kommunikationsarten (z.B. Lehrerecho, Lehrerfloskeln, Suggestivfragen etc.). Außerdem sollten einige wichtige Regeln der Gesprächsführung beachtet werden wie z.B.: Fragen stellen und eine Denkpause lassen! Dieselbe Frage an mehrere Schüler richten! Fragen stellen, die längere Schülerantworten erfordern! Fragen mit Ja- oder Nein-Antworten vermeiden! Fragen stellen, die den Schüler/die Schülerin zu höheren kognitiven Prozessen ansporn! Die eigenen Fragen nicht wiederholen! Die eigenen Fragen nicht selbst beantworten, sondern Schülern/-innen helfen, die Antwort zu finden! Die Antworten der Schüler/-innen nicht wiederholen oder im eigenen Sinne umdeuten!

Gruppenarbeit sollte in ihren drei Phasen (Vorbereitungsphase, Gruppenarbeitsphase, Auswertungsphase) genau vorgeplant sein und in der Arbeitsphase zur Lerndiagnose und Hilfestellung genutzt werden.

Beim **Umgang mit schwierigen Kindern/Jugendlichen** ist zwischen Präventionsmaßnahmen und Interventionsmaßnahmen zu unterscheiden. (vgl. Nolting, H. P.: Störungen in der Schulklasse. Weinheim 2002)

Zu Präventionsmaßnahmen zählt alles, was schon bei der Unterrichtsplanung berücksichtigt werden soll:

- eine breite Aktivierung der Schüler während des Unterrichts durch Methodenvariation und viel Schülerselbstständigkeit,
- ein zügig und flüssig durchgeführter Unterricht,
- ein Unterricht mit klaren vereinbarten Verhaltensregeln für die Schüler, die bei Übertreten konsequent sanktioniert werden und die auch der Lehrer/die Lehrerin ernst nimmt,
- die Nutzung von nonverbalen und verbalen Präsenz- und Stoppsignalen (nonverbale: die ganze Klasse überblicken, sich im Raum bewegen, Mimik und Gestik einsetzen, bei Störungen zu störenden Schülern hingehen und die Hand auf die Schulter legen usw.; verbale: kurz und knapp reagieren, freundlicher Ton und Anordnung in Form einer Bitte, Toleranzgrenzen festlegen und frühzeitig eingreifen usw.)

Zu Interventionsmaßnahmen gehören:

- Reaktionen im akuten Konflikt: aktives Zuhören, Ich-Botschaften geben, Änderung des Schülerverhaltens einfordern,
- Veränderungsstrategien: durch präzise Regeln, durch Anreize für den Einzelnen oder die ganze Klasse nach Erledigung der Aufgabenstellung, durch Einzelgespräche, durch gemeinsame Besprechung in der Klasse,
- konstruktive Konfliktgespräche (Definition des Problems, Sammlung möglicher Lösungen, Wertung der Lösungsvorschläge, Entscheidung, Realisierung der Entscheidung, Beurteilung des Erfolgs),
- Konfliktlösung als Klassenprojekt (z.B. mit Hilfe eines Fragebogens, einer gemeinsamen Lösung und eines Vertrags zwischen Lehrer/-in und Klasse).

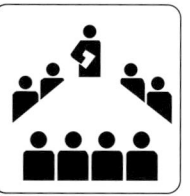 Übungen

I. **Bereiten Sie einen Lehrervortrag (oder eine Erzählung) zu einem selbstgewählten Thema (z.B. das Kommunikationsmodell, die Fabel „Die Grille und die Ameise", Atome und Moleküle) unter didaktischen Gesichtspunkten vor und halten Sie ihn vor der Gruppe!**

Thema: _____

Jahrgangsstufe: _____ *Fach:* _____

Stichworte:

_____

_____

_____

_____

_____

_____

_____

II. **Planen und demonstrieren Sie ein Experiment oder eine motorische/künstlerische/ handwerkliche Aufgabenstellung Ihrer Wahl, die Sie als Lehrerin/Lehrer den Schülern vormachen müssen und die die Schüler/-innen nachmachen sollen! (z.B. Herstellen einer Blumenvase aus Ton, Versuche mit Wasser, Laubsägearbeiten usw.)**

Thema: _____

Jahrgangsstufe: _____ *Fach:* _____

Stichworte:

_____

_____

_____

_____

_____

III. Stellen Sie sich vor, Sie wollten am Beginn einer neuen Unterrichtseinheit (z.B. zum Thema „Geld" im Heimat- und Sachunterricht, in Sozialkunde, Arbeitslehre oder Wirtschafts- und Rechtslehre) einen motivierenden Einstiegsimpuls setzen. Welche Möglichkeiten fallen Ihnen dazu ein?

Notizen:

_____

_____

_____

_____

_____

_____

_____

_____

_____

_____

IV. Führen Sie in der Kleingruppe ein Unterrichtsgespräch zum Thema „Autorität" durch. Schreiben Sie sich vorher (z.B. mit Hilfe einer Mindmap) auf, welche Themenaspekte Ihrer Meinung nach unbedingt zur Sprache gebracht werden müssten. Diskutieren Sie anschließend darüber, ob Sie ein solches Unterrichtsgespräch in der Schule als „freies Unterrichtsgespräch" oder als „gebundenes Unterrichtsgespräch" vorsehen würden.

Notizen:

V. Lesen Sie den folgenden Textauszug aus A. de Saint-Exupérys Buch „Der kleine Prinz" der Seminargruppe vor und organisieren Sie dazu eine Gruppenarbeit!

Der zweite Planet war von einem Eitlen bewohnt.

„Ah, ah, schau, schau, ein Bewunderer kommt zu Besuch!" rief der Eitle von weitem, sobald er des kleinen Prinzen ansichtig wurde.

Denn für die Eitlen sind die anderen Leute Bewunderer.

„Guten Tag" sagte der kleine Prinz. „Sie haben einen spaßigen Hut auf."

„Der ist zum Grüßen", antwortete ihm der Eitle. „Er ist zum Grüßen, wenn man mir zujauchzt. Unglücklicherweise kommt hier niemand vorbei."

„Ach ja?" sagte der kleine Prinz, der nichts davon begriff.

„Schlag deine Hände zusammen", empfahl ihm der Eitle.

Der kleine Prinz schlug seine Hände gegeneinander. Der Eitle grüßte bescheiden, indem er seinen Hut lüftete.

Das ist unterhaltender als der Besuch beim König, sagte sich der kleine Prinz.

Und er begann von neuem die Hände zusammenzuschlagen. Der Eitle wieder fuhr fort, seinen Hut grüßend zu lüften.

Nach fünf Minuten wurde der kleine Prinz der Eintönigkeit dieses Spieles überdrüssig:

„Und was muss man tun", fragte er. „damit der Hut herunterfällt?"

Aber der Eitle hörte ihn nicht. Die Eitlen hören immer nur die Lobreden.

„Bewunderst du mich wirklich sehr?" fragte er den kleinen Prinz.

„Was heißt bewundern?"

„Bewundern heißt erkennen, dass ich der schönste, der bestangezogene, der reichste und der intelligenteste Mensch des Planeten bin."

„Aber du bist doch allein auf deinem Planeten!"

„Mach mir die Freude, bewundere mich trotzdem!"

„Ich bewundere dich", sagte der kleine Prinz, indem er ein bisschen die Schultern hob, „aber wozu nimmst du das wichtig?"

Und der kleine Prinz machte sich davon.

Die großen Leute sind entschieden sehr verwunderlich, stellte er auf seiner Reise fest.

Aus: Saint-Exupéry, Antoine de: Der kleine Prinz. Ins Deutsche übertragen von Leitgeb, Grete und Leitgeb, Josef. Düsseldorf: Karl Rauch Verlag, 9. Aufl. 1998ff., S. 40–42

Notizen zur Vorbereitung, Durchführung und Auswertung der Gruppenarbeit:

VI. Beantworten Sie zu einer der von Ihnen ausgeführten Lehreraktivitäten, was Ihnen schwierig vorkam, was Sie nicht erwartet hatten und was Sie gefreut hat!

Schwierig war

_____

_____

_____

_____

_____

_____

_____

Unerwartet war

_____

_____

_____

_____

_____

_____

_____

_____

_____

Erfreulich war

_____

_____

_____

_____

_____

_____

_____

_____

VII. „Was kann man wirksam gegen Unterrichtsstörungen tun?" Überlegen Sie sich zu dieser Frage drei Antworten, die Sie in eine persönliche Rangordnung bringen. Vergleichen und diskutieren Sie diese mit den Antworten Ihrer Kommilitonen/-innen und ermitteln Sie mehrheitlich die Meinung der Gesamtgruppe.

Meine Meinung	Die Meinung der Gesamtgruppe
1.	1.
2.	2.
3.	3.
Weitere Möglichkeiten:	Weitere Möglichkeiten:

Anwendung im Praktikum

I. Meine Erfahrungen mit dem Erzählen/Vortragen/Vorlesen

Jahrgangsstufe: _____   *Fach:* _____

Thema: _____

Auswertung:

_____

_____

_____

_____

_____

_____

_____

_____

II. Meine Erfahrungen mit dem Vormachen/Vorführen/Experimentieren

Jahrgangsstufe: _____   *Fach:* _____

Thema: _____

Auswertung:

_____

_____

_____

_____

_____

_____

_____

III. Meine Erfahrungen mit Gruppenarbeit

Jahrgangsstufe: _____ *Fach:* _____

Thema: _____

Auswertung:

1) Persönlicher Eindruck

_____

_____

_____

_____

_____

_____

_____

_____

_____

_____

_____

_____

_____

_____

2) Urteile der beteiligten Schüler (vgl. beigefügten Fragebogen)

_____

_____

_____

_____

_____

_____

_____

_____

_____

_____

_____

_____

Feed-back Fragebogen zur Gruppenarbeit (Kopie an jeden Schüler zum Ankreuzen!)

	ja	nein
1. Haben sich in deiner Gruppe alle Mitglieder an den Gruppen-gesprächen beteiligt?		
2. Führten Meinungsverschiedenheiten in deiner Gruppe zu Missstimmungen?		
3. Hast du dich in deiner Gruppe wohlgefühlt?		
4. Hattest du den Eindruck, dass deine Beiträge in der Gruppe ernst genommen wurden?		
5. Durftest du mitreden bei der Verteilung begehrter Gruppentätigkeiten?		
6. Hat sich während der Gruppenarbeit ein einzelner Mitschüler öfters gegen die anderen durchgesetzt?		
7. Fühltest du dich in der Gruppe frei genug, um deine Meinung zu vertreten?		
8. Wurde bei der Gruppenarbeit hauptsächlich über das gestellte Thema gesprochen?		
9. Würdest du in dieser Gruppe gerne öfters mitarbeiten?		
10. Hättest du das gestellte Thema lieber im Frontalunterricht (mit dem Lehrer und allen Schülern gleichzeitig zusammen) als in der Gruppe bearbeitet?		

Hinweis: Mit Grundschulkindern muss der Fragebogen ggf. gemeinsam ausgefüllt werden.

IV. Meine Erfahrungen mit störenden Schülern/Schülerinnen

Art der Störung	Meine Reaktion	Wirkung beim Schüler/bei der Schülerin	Verhalten der Mitschüler/Mit-schülerinnen

7. Eigenen Unterricht planen, durchführen und nachbereiten

 Basisinformationen

Unterrichten ist didaktisches und erzieherisches Handeln, das teils auf reflektierten, teils auf spontanen Entscheidungen beruht. Lehrer und Lehrerin haben dazu Planungsüberlegungen angestellt, die sie in der Unterrichtsstunde in Aktivitäten, Sprechen und Verhalten umsetzen. Nun ist **Unterricht** aber ein **offenes** und **nicht vollständig planbares Interaktionsgeschehen**. Wie er verläuft, hängt nicht nur vom Berufswissen, Berufskönnen und didaktischen Geschick des Lehrers oder der Lehrerin ab, sondern auch von der Aufmerksamkeit, den Lernmöglichkeiten und dem Lernwillen der Schülerinnen und Schüler. Auf Grund dessen kann es in jeder Unterrichtsstunde zu unvorhersehbaren Situationen oder Problemen didaktischer oder pädagogischer Art kommen.

Guten Unterricht halten, setzt **Vorüberlegungen** voraus

- zu den spezifischen **Lernbedingungen** der Schulklasse und einzelner Schüler/Schülerinnen
- zu den vom Lehrplan vorgeschriebenen **Lernzielen und Lerninhalten** sowie
- zu passenden **Unterrichtsmethoden** und geeigneten **Unterrichtsmedien**.

Um die **Lernsituation der Schülerinnnen und Schüler** im Hinblick auf ein bestimmtes Unterrichtsthema angemessen berücksichtigen zu können, benötigt der Praktikant/die Praktikantin außer allgemeinen Grundkenntnissen aus der Entwicklungs-, Sozial-, und Lernpsychologie Informationen über den Lernstil, die Lernfähigkeit, die Vorkenntnisse, die besonderen Interessen und Neigungen sowie die förderliche/hemmende Lernumgebung der einzelnen Schüler. Diese kann man aus Beobachtungen, Gesprächen, schriftlichen/mündlichen Unterrichtsbeiträgen und Leistungsüberprüfungen gewinnen, die in der Regel nur mit Unterstützung des Praktikumslehrers/Fachlehrers und der Schule (sowie unter Wahrung des Datenschutzes) zugänglich sind.

1. Hat sich die Praktikantin/der Praktikant für ein Stundenthema im Rahmen der vom Fachlehrer/Praktikumslehrer durchgeführten Unterrichtseinheiten entschieden, ist zunächst eine gründliche **Sachanalyse** anzustellen. Diese fachwissenschaftlich-fachliche Beschäftigung mit dem Unterrichtsthema verschafft dem Berufsanfänger die notwendigen Grundkenntnisse und eine gewisse Sicherheit in den zentralen, elementaren, typischen und möglicherweise exemplarischen Aspekten, Dimensionen, Zusammenhängen und Anwendungsbereichen des Lehrstoffs. Danach hat er eine ebenso gründliche **Didaktische Analyse** anzufertigen, bei der der zu unterrichtende Sachverhalt mit der konkreten Lerngruppe in Beziehung gesetzt werden muss.

Diesen Zusammenhang zu ermitteln, helfen einige Fragen, die an Wolfgang Klafkis Konzept angelehnt sind:

a) Welche Bedeutung haben Unterrichtsinhalt und Unterrichtziel bereits jetzt für die Schüler/Schülerinnen der Klasse/Lerngruppe? Wo kommen sie in ihrem Leben und/oder in ihrer Umwelt vor? (Gegenwartsbedeutung)

b) Welche Bedeutung haben Unterrichtsinhalt und Unterrichtsziel später einmal für die Schüler/Schülerinnen im Berufsleben, im Alltagsleben oder auch in höheren Jahrgangsstufen der Schule? (Zukunftsbedeutung)

c) Welche allgemeinen Erkenntnisse, Zusammenhänge, Einstellungen, Einsichten, Verhaltensweisen, Fachprinzipien usw. (z.B. naturwissenschaftliches Denken, Selbstständigkeit, Kritikfähigkeit, Verantwortungsbewusstsein, Historizität, Recht als gesellschaftlicher Einflussfaktor, ästhetische Gestaltbarkeit der Welt usw.) können bei den Schülern/Schülerinnen mit Hilfe dieses speziellen Unterrichtsinhalts und dieser speziellen Unterrichtsziele aufgebaut werden? (exemplarische Bedeutung, bildendes Lernen)

d) Unter welchen besonderen Perspektiven sollen Unterrichtsinhalt und Unterrichtsziele betrachtet und in welcher Reihenfolge müssten dessen Einzelaspekte abgehandelt werden? Welche Verstehensvoraussetzungen bedingen Unterrichtsinhalt und Unterrichtsziele?

e) Woran lässt sich erkennen und wie lässt sich überprüfen, ob die Schüler/Schülerinnen den Unterrichtsinhalt erlernt und die Unterrichtsziele erreicht haben?

f) Was an dem Unterrichtsinhalt und den Unterrichtszielen ist medial gut darstellbar und/oder zieht das Interesse der Schülerinnen/Schüler an?

g) Mit welchen Unterrichtsmethoden lassen sich der Unterrichtsinhalt und die Unterrichtsziele sachgerecht, schülergerecht und zur Vergrößerung von deren Sach-, Sozial-, Selbst-, Methoden- und Moralkompetenz am besten vermitteln?

Diese Didaktische Analyse führt unmittelbar zur **Festlegung von Lernzielen**, die an bestimmten **Teilaspekten des Lerninhalts** erreicht werden sollen. Wichtig ist dabei, dass diese Ziele nicht einfach vom Lehrer vorgegeben werden, sondern im Stundenverlauf möglichst mit den Schülern/-innen zusammen entfaltet oder entwickelt werden (vgl. das Unterrichtsprinzip: „Zielorientierung und Zielverständigung"). Bei der Suche nach den Zielen für die Stunde muss bedacht werden, dass bei jedem Unterrichtsthema kognitive, emotional/soziale und pragmatische Verhaltensbereiche der Schüler angesprochen werden sollen (vgl. das Unterrichtsprinzip „Ganzheitlichkeit") und dass die Lernziele möglichst eindeutig und nach Anspruchsniveaus präzisiert beschrieben sind.

Bei der Unterrichtsplanung ist es nötig zu unterscheiden, ob der Unterricht lehrergesteuert oder offen gestaltet werden soll. Je nach Unterrichtskonzeption geht der Lehrer/die Lehrerin bei der Planung anders vor:

1) **Planungsüberlegungen beim Lehrergesteuerten Unterricht (= direkte Steuerung)**

1. Einordnung der Stunde in die Unterrichtseinheit
2. Ermitteln der konkreten Unterrichts- und Lernvoraussetzungen der Klasse/Lerngruppe
3. Sachanalyse zu den Details des Stundenthemas
4. Entscheidung über das Stundenthema unter Berücksichtigung der Voraussetzungen, der Inhaltsaspekte und der in der Stunde anzustrebenden Ziele
5. Präzisierung der Ziele zu Feinzielen, deren Erreichen erkennbar sein soll
6. Didaktische Analyse zur Auswahl, Anordnung und Vermittlung des Unterrichtsinhalts und der Unterrichtsziele, unter Berücksichtigung anerkannter Unterrichtsprinzipien und einer geeigneten Unterrichtskonzeption
7. Festlegung des Verlaufs der Unterrichtsstunde in einer Skizze
   - Artikulation mit Angabe des Zeitbedarfs
   - Entfaltung des Lerninhalts
   - Darlegung der Lehrtätigkeiten des Lehrers/der Lehrerin und der zugeordneten Lerntätigkeit der Schüler/Schülerinnen

   – Sozialformen und Medien (ggf. mit Tafelbild)
   – Angabe möglicher Alternativen und didaktische Kommentare
   – Hausaufgabenstellung

2.) Planungsüberlegungen beim Offenen Unterricht (= indirekte Steuerung)

Bei der Planung von offenem Unterricht (Freiarbeit, Tages-/Wochenplan, Lernzirkel/Stationentraining, Werkstatt) ist grundsätzlich zu klären, ob der Unterrichtsinhalt Bestandteil des verpflichtend zu erarbeitenden Lernpensums der Klasse/Jahrgangsstufe ist oder ob er ein sinnvolles Additum sein soll. Im erstgenannten Fall beginnen die Planungsüberlegungen mit dem Blick in den Lehrplan, im letztgenannten kann sich die Themenauswahl nach den Interessen und Bedürfnissen der Schülerinnen/Schüler richten.

Die Planungsüberlegungen nehmen in der Regel folgenden Weg:

1. Blick in den Lehrplan und den Jahresarbeitsplan
2. Sachanalyse zum Unterrichtsinhalt
3. Entscheidung darüber, welche Inhalte und Ziele (Unterrichtsthemen) sich für welche Form offenen Unterrichts eignen
4. Sammlung und Herstellung umfangreicher Lernmaterialien
5. Erarbeitung von kleineren Lerneinheiten zum Thema durch
   – Festlegung von Pflicht-, Wahlpflicht- und Wahlaufgaben
   – Auswahl geeigneter, differenzierter Lernangebote/Lernmaterialien
   – Erstellen eines didaktisch konzipierten Auftragsblatts für jedes Lernangebot
   – Erarbeitung eines Kontrollsystems zur Lernleistung (Schülerselbstkontrolle, Lehrerkontrolle)
   – Entwerfen eines Arbeitspasses
   – Festlegen von Sonderfunktionen für Schülerexperten
   – Vorsehen von Leerposten für schülereigene Ideen zum Thema
   – Klärung aller Organisationsfragen
6. Gliederung der offenen Unterrichtsphasen in
   – Einstiegsphase
   – Arbeitsphase
   – Reflexionsphase
7. Nachbereitung des offenen Unterrichts durch Selbstreflektion, Team-Supervision und mit „kritischen Freunden".

3) Planungsüberlegungen bei einem Unterricht, bei dem die Schüler Ziele, Inhalte, Methoden und Medien mitentscheiden (= kooperative Steuerung)

Schüler/Schülerinnen sollen nicht nur intelligentes Wissen aufbauen (wie beim Lehrergesteuerten Unterricht) und auch nicht nur Selbstständigkeit und Metakognitionen erwerben (wie beim Offenen Unterricht), sondern auch Gelegenheit bekommen, das Gelernte, Erfahrene, sie Interessierende und für sie Fragwürdige zu thematisieren. Dies geschieht am besten durch Projektarbeit, Lernen in selbstgewählten Lernteams, lebenspraktische Recherchen, Entdeckendes Lernen, Erfindendes Lernen usw. Hierbei werden die Lernziele und Lerninhalte nicht vom Lehrer allein für die Schüler vorentschieden; vielmehr wirken die Schüler mit ihren Ideen bei der Auswahl und Festlegung selbstverantwortlich mit.

1. Vorabinformation der Schüler/Schülerinnen über die projekt- phänomen- und problemorientierte Lehr-Lernweise
2. Einüben der dazu erforderlichen Methoden (z. B. Beobachten, Experimentieren, Befragungen durchführen, Statistiken erstellen usw.)
3. Ermitteln eines Themenbereichs, der für die Schüler von Interesse ist
4. Besprechen der Gesamtplanung mit den Schülern
5. Moderation und Mediation des Selbstlernprozesses der Schüler während der eigenständigen Themenerarbeitung durch die Schüler
6. Ergebnissicherung
7. Erfahrungsaustausch mit den Schülern

Beim lehrergesteuertem Unterricht, der hier ausführlicher dargestellt wird, ist die **methodischmediale Verlaufsstruktur (Artikulation)** wie folgt zu planen. Hier kommt es darauf an, die Entfaltung der Ziel-Inhaltsabschnitte so mit dem Lernweg der Schüler/-innen zu verbinden, dass die Schüler/-innen sich möglichst vieles davon selbstständig erarbeiten können und beim Lernen Monotonie, Überforderung und Unterforderung vermieden werden (vgl. Unterrichtsprinzipien „Selbstständigkeit", „Differenzierung", „Veranschaulichung", „Motivierung" und die Forderung nach Methodenvariation).

2. Die „Inszenierung" der Unterrichtsstunde folgt in der Regel einem Dreischritt:

– Sie beginnt mit einer **Einstiegsphase**: die Hinführung, Motivierung oder Anknüpfung des neuen Lernstoffs an Vorhergehendes. Dieser Stundenbeginn kann durch einen verbalen/medialen Impuls, durch einen kurzen Lehrervortrag oder eine Demonstrationsübung, durch freie Arbeit an Lernmaterialien, durch ein Unterrichtsgespräch, durch eine Lehrerinformation zum Unterrichtsthema und zu den Unterrichtszielen oder durch die Hausaufgabenkontrolle geschehen.

– Daran schließt sich die **Erarbeitungsphase** an. Je nach Ziel, Thema und Lerngruppe erfolgt die Erarbeitung des Stundenthemas in unterschiedlichen Sozialformen (vgl. Einzelarbeit, Partnerarbeit, Gruppenarbeit, Frontalunterricht), in verschiedenen Kommunikationsformen (Frage, Impuls, gelenktes/freies Unterrichtsgespräch) und in unterschiedlichen Aktionsformen (erzählen/vorlesen – zuhören, vormachen – nachmachen, mitvollziehen eines Denkvorgangs in Frage-Antwort-Form, selbstständig Aufgaben bearbeiten, spielerisch Problemlösungen finden). Dabei kommen (wie bei der Einstiegsphase) geeignete Medien personaler Art (wie Mimik, Gestik, Sprechweise) und nichtpersonaler Art (wie Bilder, Texte, Töne, Rechenzeichen, Gegenstände) sowie Tafel, Schulbuch, Arbeitsblatt, Overheadfolie, Viedeofilm oder Kassette/CD zum Einsatz. Erarbeitete Teilergebnisse werden sukzessiv bewusst gemacht und gesichert.

– Die **Ergebnissicherungsphase** während und/oder am Schluss verankert das Gelernte als Hefteintrag, als mündliche Wiederholung, als praktische Anwendung und Transfer oder als Reflexion über den Sinn- und Verwendungszusammenhang im Gedächtnis der Schüler/-innen.

3. Für die geplante Unterrichtsstunde sollte ein **Stundenentwurf** schriftlich ausgearbeitet werden, der mindestens die folgenden Angaben enthält:

Name: _____   Fach: _____

Jahrgangsstufe: _____

Thema der Stunde: _____

Thema der Unterrichtseinheit: _____

Ziele der Stunde: _____

Geplanter Verlauf der Stunde („Unterrichtsskizze"): _____

Anhang (Arbeitsblätter, Tafelskizze, Literaturnachweis): _____

Das Formular für eine Unterrichtsskizze auf S. 81 will dazu eine Anregung bieten.

4. Bei der **Unterrichtsdurchführung** müssen nun die Planungsideen in praktisches Handeln umgesetzt werden. Aus dem geplanten Unterrichtsgespräch z.B. wird eine wechselseitige Kommunikation zwischen Lehrer/-in und Schülern/Schülerinnen sowie zwischen den Schülern und Schülerinnen untereinander. Deren Beiträge sind schwer vorherzusehen. Infolgedessen stellt die Unterrichtsdurchführung den Lehrer/die Lehrerin bzw. den Praktikanten/die Praktikantin vor immer neue didaktische Entscheidungssituationen, die flexible Reaktionen erforderlich machen.

5. Die letzte Phase der Unterrichtsplanung ist die **Nachbereitung** des gehaltenen Unterrichts. Das ist eine Art interne und externe Evaluation (Beurteilung); denn es geht dabei sowohl um die Selbstreflexion dessen, der die Stunde geplant und gehalten hat, als auch um die Fremdevaluation durch den Praxis-Experten (Tutor, betreuende Lehrkraft). Ihr Ziel ist es, das Lehrerverhalten, das Schülerverhalten, die Struktur und den Verlauf der gehaltenen Stunde sowie den (beschreib- und nachweisbaren) Unterrichtserfolg kritisch-selbstkritisch zu rekapitulieren und dadurch die Voraussetzungen für den weiter zu planenden und durchzuführenden Unterricht zu klären.

Unterrichtsskizze

Name: ——————— Datum: ———————

Schule: ——————— Klasse: ——————— Fach: ———————

Ziele der Stunde: ———————

Geplanter Verlauf:

Unterrichtsphase/ Zeit/Ziele	Inhalt	Unterrichts- und Lerntätigkeit		Sozialform und Medien	Didaktischer Kommentar/ Alternativen
		Lehrer/in	Schüler/innen		
Einstieg					
Erarbeitung					
Ergebnissicherung					
Hausaufgabe					

 Übungen

I. Wählen Sie sich aus dem Lehrplan Ihrer Studienfächer und Ihrer Schulart ein Unterrichtsthema aus!

1) Führen Sie zu dem Unterrichtsthema stichwortartig eine Sachanalyse durch! (Anregungen bei Wiater, W.: Unterrichten und Lernen in der Schule. Donauwörth 2007, Kap. VIII)

2) Stellen Sie bei demselben Thema – in Gruppen – Überlegungen zur Didaktischen Analyse an! Halten Sie sich dabei im Wesentlichen an Wolfgang Klafkis Konzept (s. S.76 f.)!

II. Überprüfen Sie die folgende Liste von Lernzielen danach, ob sie präzise genug formuliert sind!

	präzise		Vorschlag für bessere Formulierungen
	ja	nein	
Die Prinzipien der Verkaufstechnik verstehen.			
Die Knochen des Körpers benennen können.			
Die Schüler sollen 8 verschiedene Blätter (Ahorn, Linde, Pappel, Buche, Eiche, Birke, Kirsche und Bergahorn) nach Form und Grobstruktur des Blattrandes ordnen.			
Die Schüler sollten mit Hilfe von Fassung und Verbindungskabel eine Glühlampe so an eine Flachbatterie anschließen, dass sie leuchtet.			
Die Fähigkeit zur Toleranz gegenüber Glaubensüberzeugungen ausländischer Mitschüler entwickeln.			
Einen Aufsatz über die Evolution der Arten schreiben können.			
Die Rolle vorwärts nach Vorbild nachvollziehen können.			
Der Schüler soll erkennen, dass die meisten Menschen dem Sprechen und Zuhören wesentlich mehr Zeit opfern als dem Lesen und Schreiben.			
Die Hauptregeln der Grammatik gut kennen.			
Ein Scheckformular nach einem gegebenen Fall innerhalb von fünf Minuten fehlerfrei ausfüllen.			
Die Schauspiele Shakespeares wirklich verstehen können.			
Erkennen können, dass die praktische Anwendung demokratischer Ideale Zeit, Anpassung und dauernde Anstrengung fordert.			
Zweck und Gestaltung von Vorwort, Einleitung, Inhaltsverzeichnis und Register in Stichworten an einem Buch erläutern.			
In der Lage sein, Beziehungen zwischen mehreren Rechenarten darzustellen.			

III. Planen Sie in Partnerarbeit zu dem folgenden Text eine Sozialkunde-Stunde!

Als Matthias von seinen Freunden verlassen wurde

Es war Donnerstag. Nach dem Turnunterricht waren die Schüler der 7. Klasse immer besonders wild. Matthias, ein Schüler der fünften Klasse, wusste das, und ging mit heimlichen Ängsten in den Pausenhof. Er war viel kleiner als seine Mitschüler und wurde deshalb „Zwerg" genannt. An diesem Donnerstag wollten sich Klaus und Harald aus der 7. Klasse einen Spaß erlauben. Sie packten Matthias und steckten ihn in eine große Mülltonne, aus der er gerade noch herausgucken konnte. Seine Freunde, Peter und Kai, standen dabei und wagten es nicht, etwas dagegen zu tun. Der Lehrer, der Pausenaufsicht hatte, bemerkte es nicht. Matthias konnte sich nicht befreien, weil Klaus und Harald die Mülltonne festhielten. Erst als die Pause vorbei war, ließen sie ihn heraus. Er ging in die Klasse und weinte. Die Klassenlehrerin kam zum Unterricht …

---

1) Geben Sie dazu genau an:

• das Thema der Unterrichtsstunde

_____

_____

_____

• die kognitiven, emotional-sozialen sowie pragmatisch/psychomotorischen Ziele

_____

_____

_____

_____

• die Methoden und Medien für die Stunde

_____

_____

_____

_____

2) Vergleichen Sie anschließend Ihre didaktischen Entscheidungen mit denen der anderen Partnergruppen. Besprechen Sie anschließend, wie Sie dabei genau vorgegangen sind (Ihren „Planungsweg": was Sie zuerst überlegt haben, welche Assoziationen Ihnen kamen usw.)!

3) Überlegen Sie sich in der Kleingruppe, wie Sie Schülerinnen/Schüler für die Unterrichtsstunde motivieren könnten!

_____

_____

_____

_____

_____

4) Erstellen Sie in der Kleingruppe ein Tafelbild (oder ein Arbeitsblatt) für die erste Stunde!

IV. In der modernen Schulpädagogik ist es unbestritten, dass der Unterricht besser und erfolgreicher ist, wenn (zumindest) vier wichtige Unterrichtsprinzipien eingehalten werden: Schülerselbsttätigkeit, Differenzierung nach Lernfähigkeit/Lerntempo/ Interesse, Zielorientierung und Veranschaulichung.
Überlegen Sie sich ein Thema aus einem Ihrer Fächer (z.B. „Satz des Pythagoras", „Malerei des Impressionismus", „Französiche Revolution", „Magnetismus", „Groß- und Kleinschreibung") und geben Sie zu einem der genannten Unterrichtsprinzipien praktische Realisierungsmöglichkeiten an!

Fach: _____

Thema: _____

Unterrichtsprinzip: _____

praktische Möglichkeiten: _____

_____

_____

_____

_____

_____

_____

_____

_____

_____

_____

_____

_____

 Anwendung im Praktikum

I. Planung für selbst durchgeführte Unterrichtsstunden

1) Unterrichtsentwurf zum lehrergesteuerten Unterricht

Name: _____

Jahrgangsstufe: _____

Thema der Stunde: _____

Thema der Unterrichtseinheit: _____

Ziele der Stunde: _____

Geplanter Verlauf der Stunde:

_____

_____

_____

_____

_____

_____

_____

_____

_____

_____

_____

_____

_____

_____

_____

_____

2) Unterrichtsentwurf zum offenen Unterricht/zu materialgeleitetem Lernen

Name: _____ Fach: _____

Jahrgangsstufe: _____

Thema der Stunde: _____

Thema der Unterrichtseinheit: _____

Ziele der Stunde: _____

Geplanter Verlauf der Stunde:

_____

_____

_____

_____

_____

_____

_____

_____

_____

_____

_____

_____

_____

_____

_____

_____

_____

_____

_____

_____

_____

_____

II. Reflexionen über die eigene Unterrichtstätigkeit

1) Spontane Gedanken und Gefühle nach der gehaltenen Unterrichtsstunde:
   (Methode: nachträglich lautes Denken)

_____

_____

_____

_____

_____

_____

2) Reflektieren Sie zusammen mit der Lehrkraft/dem Tutor/der Tutorin den gehaltenen Unterricht! Die folgenden Fragen sollen dabei als Anregung dienen.

- Wie ging es mir mit meiner Vorplanung bei der Umsetzung im Unterricht: Was ist gelungen, was ist nur teilweise gelungen, was ist gar nicht gelungen? Woran lag es?
- Was fand ich an mir gut? Was war nicht so gut?
- Was fand ich an meinen Schülerinnen/Schülern gut? Was war nicht so gut?
- Was nehme ich mir vor? Was möchte ich vertiefen? Woran möchte ich noch arbeiten? Wo möchte ich an mir arbeiten? Was möchte ich nachlesen? Womit möchte ich mich auseinandersetzen?
- War das Fachwissen bei mir gründlich genug vorbereitet und in der Stunde verfügbar?
- Wurden alle wichtigen Aspekte des Themas berücksichtigt?
- War die Unterrichtsstunde in sich „stimmig" oder gab es an einzelnen Stellen „Brüche"?
- Führte die Motivation direkt zum Thema?
- Konnten die Schüler/-innen die Zielsetzung der Stunde erkennen?
- Stimmte die gewählte Methode zum Inhalt und zu den Zielen?
- Wie wirkte der Einsatz der Medien?
- War die Zeiteinteilung realistisch?
- Wurden die für ein lernförderndes Unterrichten erforderlichen Lehr- und Sozialtechniken eingesetzt?
  Im Einzelnen: Handhabung der Kommunikations- und Sozialformen während des Unterrichtsverlaufs, Flexibilität bei der Umsetzung der Unterrichtsplanung je nach Bedarf der Schüler, zielorientiertes Vorgehen in der Stunde, Klarheit und Verständlichkeit der Sprache und Körpersprache, Auftreten vor der Klasse, Klassenführung und Durchsetzungsvermögen, Umgang mit Unterrichtsstörungen und unplanbaren Situationen im Unterricht, …
- Wie war die „Lehrer/innenpersönlichkeit"?
  Im Einzelnen: Maß an Autorität, Fachkompetenz, Motivation, Aufgeschlossenheit gegenüber den Schülerinnen/Schülern, Geduld, Begeisterungsfähigkeit, Respekt vor den Schülerinnen/Schülern, Hilfsbereitschaft, Konsequenz, Humor, …

8. Ein Beratungsgespräch und eine Selbstevaluation durchführen

Unter einer **Beratung** versteht man eine professionelle Hilfestellung, die jemand in Anspruch nimmt oder benötigt, der eine Entscheidung fällen oder ein Problem lösen muss. Eine Beratung ist ein „konsensualer Dialog" und nicht die Handlungsanweisung eines Experten an einen Ratsuchenden; denn Entscheidungen und Problemlösungen müssen letztlich immer vom Ratsuchenden selbst durchgeführt und verantwortet werden. Beratung muss stets Hilfe zur Selbsthilfe sein. Im Verlauf des Beratungsgesprächs bringt der Ratgeber nicht nur seine Kompetenz und Expertise ein, sondern verhilft auch durch aktives Zuhören und geschicktes Fragenstellen dem Ratsuchenden dazu, sich über sich selbst und sein Problem/seine Entscheidung mehr und mehr klar zu werden.

Grundsätzlich sollte bei Beratungsgesprächen darauf geachtet werden,

- dass eine angenehme Gesprächsatmosphäre besteht,
- dass die Räumlichkeit und der Zeitpunkt für das Gespräch gut gewählt sind,
- dass genügend Zeit für das Beratungsgespräch vorgesehen ist,
- dass ein ehrliches Bemühen um gegenseitige Akzeptanz bei den Gesprächspartnern besteht,
- dass konzentriertes Zuhören und die Absicht, sich gegenseitig zu verstehen und für das Gesagte Verständnis zu haben, gegeben sind,
- dass das Ziel des Beratungsgesprächs eine Stärkung des Selbstmanagements, der Selbsterkenntnis und der Kompetenz auf Seiten des Ratsuchenden ist und nicht, dass dieser dem Ratgebenden lediglich zustimmt.

I. Hinweise für das Beratungsgespräch: Tutor – Student

Für das Beratungsgespräch relevant sind die Erwartungen der Lehrkraft/des Tutors/der Tutorin an den Praktikanten/die Praktikantin und umgekehrt von diesem/dieser an jene. Ferner geht es um die Beobachtungen des Tutors/der Tutorin zum Allgemeinverhalten, zum **Lehrerverhalten**, zur Planung von eigenem Unterricht sowie zur eigenen Unterrichtsgestaltung des Praktikanten/der Praktikantin. Schließlich sind auch mögliche Unterschiede zwischen der Selbstwahrnehmung und der **Fremdwahrnehmung** des Studenten/der Studentin Gegenstand des Gesprächs. Es dient der Thematisierung von Möglichkeiten, Grenzen und Belastungen des Lehrerberufs (an der jeweiligen Schulart und in den jeweiligen Unterrichtsfächern) im Bezug auf die im Praktikum gezeigten Einstellungen und Handlungsweisen der Studierenden; diese sollten sich dadurch über ihre Berufswahl klarer werden und persönlich wachsen können.

Aspekte des Beratungsgesprächs

Kam es im Anschluss an den selbst durchgeführten Unterricht der Praktikantin/des Praktikanten bereits zu einem Evaluations- und Beratungsgespräch (siehe Kap. 7), dann kann sich das Beratungsgespräch zum Schluss des Praktikums auf wichtige Aspekte des Lehrerverhaltens konzentrieren, die beim Verhalten des Praktikanten/der Praktikantin beobachtet wurden. Diese könnten betreffen:

- Bereitschaft zur Zusammenarbeit mit den Lehrern/Lehrerinnnen,
- Bereitschaft zur Übernahme von Aufgaben,
- Pünktlichkeit und Zuverlässigkeit im Praktikum,
- Anstrengungsbereitschaft während des Praktikums,
- Belastung und Belastbarkeit im Praktikum,
- Auftreten vor der Klasse,
- äußeres Erscheinungsbild,
- Sprache und Kommunikationsstil den Schülern und Lehrern gegenüber,
- Verfügen über die Fachsprache und Fachmethodik,
- Überblick über die gesamte Klasse,
- Akzeptieren der Persönlichkeit des einzelnen Schülers/der einzelnen Schülerin,
- Respektvoller Umgang mit den Schülerinnen/Schülern,
- Respektiertwerden durch die Schüler/Schülerinnen,
- Antipathien oder Sympathien einzelnen Schülern/Schülerinnen gegenüber,
- Flexibilität und Disponibilität bei Schülerbeiträgen,
- Anbieten von Lern- und Lösungshilfen,
- didaktisches und pädagogisches Geschick,
- Konsequenz und Kontinuität im Verhalten,
- Sichern von Regeln und Ritualen,
- Grenzen ziehen bei Unterrichtsstörungen,
- Umgehen mit Konflikten in der Klasse.

II. Übungen zur Selbstevaluation

Die folgenden Übungen kann jeder Praktikant/jede Praktikantin für sich alleine machen; der Austausch mit „kritischen Freunden" wäre allerdings hilfreich.

1) Meine Berufswahl

Warum wollen Sie Lehrer/-in werden?

_____

Hatten Sie Alternativen? Welche?

_____

Welche Gründe für die Wahl des Lehramtsstudiums waren ausschlaggebend?

_____

Spielten Ihre eigenen Schülererfahrungen dabei eine Rolle?

_____

Welche beruflichen oder persönlichen Ziele haben Sie?

_____

In welcher Rolle sehen Sie sich als Lehrer/-in? Schätzen Sie!

	trifft zu			trifft nicht zu	
• Fachwissenschaftler/-in	2	1	0	–1	–2
• Erzieher/Erzieherin	2	1	0	–1	–2
• Didaktiker/Didaktikerin	2	1	0	–1	–2

Was möchten Sie für Ihre Schülerinnen und Schüler sein?

• Lehrer/-in	2	1	0	–1	–2
• Partner/-in	2	1	0	–1	–2
• Freund/-in	2	1	0	–1	–2
• Ratgeber, Mentor/-in	2	1	0	–1	–2
• Vorbild	2	1	0	–1	–2

Über welche Aspekte Ihres Unterrichts werden Sie Ihre
Schüler und Schülerinnen mitentscheiden lassen?

• Ziele	2	1	0	–1	–2
• Inhalte	2	1	0	–1	–2
• Methoden	2	1	0	–1	–2
• Medien	2	1	0	–1	–2
• Leistungsüberprüfungen	2	1	0	–1	–2

2) Meine Erfahrungen mit Fehlern

Welchen schwerwiegenden Fehler haben Sie in der letzten Zeit gemacht?

_____

Welche Konsequenzen hatte er?

_____

Wie war das damals, als Sie in der Schule Fehler gemacht haben?

_____

Gab es einen Fehler, aus dem Sie etwas gelernt haben? Welcher?

_____

Wie gehen Sie mit eigenen Fehlern um?

_____

Gibt es jemanden, den Sie nahezu fehlerfrei erlebt haben? Wie verhält er/sie sich?

_____

Schätzen Sie sich offen ein? Geben Sie Beispiele!

_____

Schätzen Sie sich risikofreudig ein? Geben Sie Beispiele!

3) Mein Wunsch nach Anerkennung und Akzeptanz

Wie wichtig ist für mich Anerkennung im privaten Bereich?

_____

Wie erlebe ich Kritik?

_____

Wie gut kann ich Lob oder Tadel annehmen?

_____

Wie häufig gebe ich anderen Menschen positive, wie oft negative Rückmeldungen? Welche Gefühle habe ich dabei?

_____

Wenn ich auf andere reagiere, gehe ich mehr auf Sachverhalte und/oder auf Persönliches ein?

_____

4) Meine persönliche Energiebilanz
(nach: Kullmann, V.; Selbst-Supervision in der Schule, Neuwied 2000 ff., S. 14 f.)

Überprüfen Sie die Balance von Energieverbrauch und Energiegewinn bei Ihnen!

Was gibt mir Energie?   **Was nimmt mir Energie?**

Durchführung:

Zeichnen Sie in den ersten Kreis Segmente (Tortenstücke) ein und machen Sie sich so den prozentualen Anteil der Tätigkeiten in Ihrem beruflichen und privaten Alltag (Freizeit, Familie, Freunde) deutlich, aus denen Sie Energie schöpfen. Machen Sie dann in einem zweiten Schritt das Gleiche für den Bereich „Belastungen und Energieverbrauch"!

Auswertung:

Betrachten Sie die beiden Kreisdiagramme und überdenken Sie, was Sie daraus an Erkenntnissen gewinnen können:

- Versuchen Sie herauszufinden, an welchen Ursachen, Bedingungen, Situationen es liegt, dass die Tätigkeiten energiezehrend bzw. energiespendend sind!
- Was können Sie dazu beitragen, dass Sie einen bestimmten Bereich oder Teilbereich nicht mehr so anstrengend und kraftraubend empfinden? Wie können Sie aus Ihrer beruflichen Tätigkeit mehr Kraft schöpfen und nicht nur aus Ihrem privaten Bereich?

9. Mein persönliches Fazit zum Praktikum

**Meine Erfahrungen mit Schule, Unterrichten, Schülern/Schülerinnen, Lernen, Lehrer-/
Lehrerinnenrolle:**

_____

_____

_____

_____

_____

_____

_____

_____

_____

_____

_____

_____

_____

_____

_____

_____

_____

_____

_____

_____

_____